Kurs auf den Erfolg

Karriere-Strategien
für die Frau
im Beruf

von

Beate Henes-Karnahl

WRS VERLAG WIRTSCHAFT, RECHT UND STEUERN

CIP-Titelaufnahme der Deutschen Bibliothek

Henes-Karnahl, Beate:
Kurs auf den Erfolg : Karriere-Strategien für die Frau im Beruf / von Beate Henes-Karnahl. – Planegg/München : WRS, Verl. Wirtschaft, Recht u. Steuern, 1989
(WRS-Reihe für den Chef)
ISBN 3-8092-0571-0

ISBN 3-8092-0571-0 Bestell-Nr. 01.47

Satz und Druck: J. P. Himmer GmbH, Augsburg.

Es gibt also, mein Freund,
keine Beschäftigung eigens für die Frau,
nur weil sie Frau ist,
und auch keine eigens für den Mann,
nur weil er Mann ist,
die Begabungen finden sich vielmehr gleichmäßig
bei beiden Geschlechtern verteilt.
Platon, aus: „Politeia“

Was Frauen wollen

Beruflicher Erfolg ist eine Summe aus vielen unterschiedlichen Faktoren: aus Ausbildung, Können, Erfahrungen, der eigenen Persönlichkeit und nicht zuletzt dem richtigen Instinkt sowie dem nötigen Quentchen Glück. Erfolgreich sein ist eine geschlechtsübergreifende Eigenschaft, auch wenn bislang Erfolg noch primär mit dem Begriff Mann gleichgesetzt wird. Neu in unserer Wirtschaftswelt sind das Wollen und die Fähigkeit von vielen Frauen, genauso den Karriereweg einzuschlagen wie die Männer. Die demographische Entwicklung begünstigt diesen Wunsch: Das Potential der Frauen wird noch in diesem Jahrhundert dringend in den Führungsetagen benötigt, wie Wirtschaftsforschungsinstitute prognostizieren. Für Männer ist der berufliche Aufstieg eine Selbstverständlichkeit. Für Frauen dagegen ist der berufliche Einsatz, der im Erreichen von Spitzenpositionen gipfelt, noch Neuland. Grund genug, sich noch intensiver mit Karriere-Strategien zu beschäftigen als die männlichen Kollegen.

Frauen mit beruflichem Ehrgeiz stolpern immer wieder über ganz typische Karriere-Blocker. Das nötige Wissen um die zwar gewünschte, gleichzeitig oft gefürchtete Karriere ist noch nicht umfassend genug: Wie packe ich den beruflichen Aufstieg an? Welches Verhalten erwartet meine – männliche – Berufsumwelt von mir? Wie kann ich Beruf und Privatleben ähnlich gut miteinander vereinbaren wie ein Mann?

Eine Karriere ist unter ganz bestimmten Voraussetzungen, zu denen unabdingbar eine gute Ausbildung, die Fähigkeit zum Führen anderer Menschen sowie die Bereitschaft zum Erfolg gehören, steuerbar. Auf das Gewußt-Wie kommt es an.

Keine Frau darf sich von den vorhandenen Stolpersteinen entmutigen lassen, Frauen sollten diese vielmehr als Herausforderung begreifen. Noch sind es zwar wenige Frauen, die den Weg in die Beletage der Wirtschaft bereits geschafft haben, aber es gibt sie bereits. Und diese Frauen sollten Vorbild und Anregung sein, mit voller Kraft in den Berufsalltag durchzustarten: ohne Versagensängste, mit dem gesunden Selbstbewußtsein genauso leistungsfähig und erfolgsorientiert zu sein wie die Männer.

Die Hürden im Berufsleben der Frauen wurden zum großen Teil unbewußt von der Männerwelt geschaffen, sie können von den Frauen jedoch mit gezielt eingesetzter Energie überwunden werden: Wenn sie wirklich die Bereitschaft mitbringen, sich in der Welt der Führungskräfte bewähren und bestätigen zu wollen, dann werden die Männer die Frauen auch als gleichwertige Partner akzeptieren.

Beruflicher Erfolg ist eine Variable, auf die Frauen genauso viel Einfluß haben wie die Männer.

Köln, im Herbst 1989 Beate Henes-Karnahl

Inhaltsverzeichnis

Mit der richtigen Strategie auf Erfolgskurs

Die Berufstätigkeit ist für Frauen schon längst Selbstverständlichkeit. Neu ist der Wunsch vieler Frauen, nun auch „Karriere machen" zu wollen. Jetzt entdecken die Frauen den Spaß und die Freude, die eine berufliche Herausforderung mit sich bringt. Sie wollen vorwärtskommen: Sie fordern das Recht auf Entscheidungsbefugnis in der Arbeitswelt. Oft wissen sie jedoch nicht, wie sie das am besten in die Wege leiten sollen. Die männliche Konkurrenz mauert oder gibt zumindest keine Hilfestellung. Weibliche Vorbilder in Führungspositionen zum Orientieren gibt es kaum, die Männerwelt hat in der Wirtschaft das Sagen. Doch ist das kein Grund zum Verzagen. Denn: Eine Karriere ist letztlich unabhängig vom Geschlecht, wenn auch Frauen die ungünstigere Startposition einnehmen.

Finden Sie heraus, ob Sie überhaupt ein Karriere-Typ sind. Wenn Sie beruflich wirklich vorankommen wollen, dann entwickeln Sie Karriere-Bewußtsein, erstellen Sie sich einen Karriere-Plan. Mit der richtigen Strategie gelangen Sie fast automatisch auf Erfolgskurs.

Teil I
Der Start

1 Ohne Bewußtseinsänderung geht es nicht

Aus Buben werden Industriemanager, aus Mädchen werden Mütter. Dieses klassische Bild in der Rollenverteilung zwischen Frau und Mann geistert noch immer durch die Köpfe: Der Mann verdient das Geld, die Frau versorgt Kinder und Haushalt. Die Berufstätigkeit des Mannes ist harte Arbeit und existentielle Notwendigkeit. Ein Beschäftigungsverhältnis der Frau ist eher im Bereich Hobby angesiedelt, wird aber – als durchaus willkommener Zusatzverdienst – von der Gesellschaft mittlerweile akzeptiert. Für den Mann ist es eine Selbstverständlichkeit, berufliche Strebsamkeit zu zeigen, mit Erfolgen glänzen zu wollen. Eine Beförderung vom Sachbearbeiter zum Gruppenleiter wird entsprechend gewürdigt. Eine Jubelfeier im Büro und in der häuslichen Umgebung unterstreicht den beruflichen Aufstieg.

Eine Frau aber, die beruflich ebenfalls nach Höherem strebt, trifft auf Widerstand. Schon das Vorwärtskommen von der Substitutin zur Abteilungsleiterin beäugt die Umgebung nicht ohne Skepsis. Kollegen und Familie ziehen möglicherweise in Zweifel, ob die Frau für ihre Funktion als Hausfrau noch genügend Zeit übrig hat. Denn: Frauen mit Erfolg am Arbeitsplatz stellen die Familie nicht ausschließlich in den Mittelpunkt ihrer Interessen. Der Beruf ist ihnen wichtig und fordert ihren Einsatz. Das entspricht jedoch nicht dem klassischen Frauenbild. Neider oder unzufriedene Partner verwechseln im Zweifelsfall den Wunsch nach Anerkennung im Beruf sogar mit feministischem Gedankengut nach dem Motto „Alle Macht den Frauen!“. Kurz: Das Wort Karrierefrau ist negativ besetzt.

Die traditionelle Erziehung bereitet den Jungen auf seine spätere Rolle als Ernährer und Beschützer einer Familie vor. Ein Junge darf nicht weinen, aber er muß sich durchsetzen können; ein Junge darf nicht feige sein, aber ärgern ihn schwache Mädchen, soll er mannhaft einstecken können. Eltern und Umwelt lehren das Bild des Mannes, der praktisch alles kann, weil er das Zutrauen in die eigene Person gelernt hat. Eine bessere Voraussetzung für ein erfolgreiches Berufsleben kann es nicht geben.

Das Mädchen übt sich von klein auf in der typischen Frauenrolle: Sie soll schön und sanft sein, Rücksicht nehmen auf ihre Umgebung, auf andere Personen, Stärken eher gut bedeckt halten als sie offen zeigen, lieber geben als nehmen. Das Mädchen lernt, seinen Willen nicht offen durchzusetzen. Durch taktisches Vorgehen soll die künftige Frau ihre Ziele erreichen, weniger durch Einsatz ihrer Intelligenz. Sprüche wie „Wenn du lieb zu Papa bist, wird er dir schon den schönen Pullover kaufen", hat gewiß jede Frau während ihrer Kindheit irgendwann einmal gehört. Diese Dressur erschwert den Einstieg in ein berufsorientiertes Denken.

Trotzdem ist der Durchbruch in Richtung Karriere machbar. Setzen Sie dem Hochglanzbild der Illustriertenfrau, die nur an Mode, Kosmetik und einem blitzblanken Haushalt interessiert ist, Ihre eigenen Vorstellungen entgegen: Sie wollen selbständig sein, Sie wollen Ihr eigenes Geld verdienen, Sie wollen Entscheidungen treffen – unabhängig von Ihrem Partner. Mit diesem Bewußtsein setzen Sie sich über Ihre Erziehung hinweg. Sind Sie wirklich bereit, den Kampf mit der männlich dominierten Berufswelt aufzunehmen, wird Ihr Erfolg nicht lange auf sich warten lassen! Das bedeutet freilich nicht, ein besserer Mann werden zu wollen. Sie sollen und müssen Ihre Weiblichkeit bewahren. Aber Sie wollen die Welt der Führungskräfte erweitern – um eine Frau.

1.1 Frauen gehen neue Wege

Vorbei sind seit rund zwei Jahrzehnten die Zeiten, in denen das klassische Mädchenpensionat nur Teenager mit Interesse am Sticken, Kochen und Heiraten entläßt. Parallel dazu entwickelten die Frauen das Bewußtsein, mehr zu können als nur allzeit fürsorgend für die Familie und eine mehr oder minder große Kinderschar dazusein. Die Frauen haben keine Lust mehr, ihre Fähigkeiten nur in untergeordneten beruflichen Positionen unter Beweis zu stellen.

Die Fingerfertigkeit, einen Pullover stricken zu können, schließt Intelligenz nicht aus. Die Fähigkeiten, eine schmackhafte Mahlzeit zubereiten zu können, ein gemütliches Heim für die eigene Familie zu schaffen, bedeuten keineswegs eine Unfähigkeit im Berufsalltag. Im Gegenteil: Die Berufstätige wird akzeptiert. Allerdings kämpft jede Frau mit Familie nach wie vor mit dem schlechten Gewissen: „Hast du auch an alles zuhause gedacht? Was mußt du alles einkaufen?". Trotzdem finden die Frauen zunehmend Gefallen an ihrem Beruf. Sie haben es jedoch satt, nur für den Zweitwagen oder den neuen Videorecorder arbeiten zu gehen. Begriffe wie Selbstverwirklichung und Selbstbestätigung sind plötzlich keine hohlen Schlagwörter mehr, sondern werden mit Leben gefüllt. Vorausgesetzt allerdings ist das Erobern eines entsprechenden Jobs. Je nach Ausbildung und Können suchen Frauen sich einen Arbeitsplatz als Buchhändlerin, Sachbearbeiterin, Systemprogrammiererin oder Mathematikerin. Und eines ist für alle Berufe gleich: Sie verlangen den vollen Einsatz.

Daran hapert es freilich noch: Die Frauen verfügen inzwischen über einen hohen *Ausbildungsstandard*. Der Wunsch zum beruflichen Vorwärtskommen ist ebenfalls vorhanden. Doch der dazu gehörende eiserne Wille und die Möglichkeit, die

Sprungbretter in allen Bereichen des Berufslebens nutzen und überhaupt angeboten zu bekommen, sind äußerst mangelhaft.

Immerhin können die Frauen bereits auf einen „stolzen Anteil" von knapp 4 Prozent in Führungspositionen verweisen. Auch in den Vorstandsetagen werden Frauen nicht mehr nur als Schreibkräfte gesichtet. Doch die Frauen müssen ihre Forderungen, denen selbstverständlich entsprechende Leistungen in der Arbeitswelt gegenüberstehen müssen, offen, laut und deutlich aussprechen. Sie dürfen nicht darauf warten, daß die Männer ihnen bereitwillig die Türen öffnen. Denn für die karrierebewußten Männer stellen die selbstbewußten Frauen eine zusätzliche Konkurrenz auf ihrem ureigensten Arbeitsgebiet dar.

Ein paar grundlegende Regeln müssen von aufstiegsbewußten Frauen beherzigt werden: Die Ausbildung muß stimmen, der Beruf muß als fester Bestandteil in der gesamten Lebensplanung akzeptiert werden und das Privatleben muß so organisiert werden, daß es auch mal ohne Frau funktioniert. Hinzu kommt: Noch eine ganze Zeit lang werden Karrierefrauen mit einem fragwürdigen Image leben müssen. Resignieren Sie nicht, wenn Karrieremänner im beruflichen und familiären Umfeld nur Anerkennung ernten, Karrierefrauen dagegen eine Ausnahmestellung besetzen.

Die Grundvoraussetzungen für den beruflichen Aufstieg der Frauen sind bereits vorhanden, wie Erhebungen des Statistischen Bundesamtes beweisen: Die *schulischen Bildungsabschlüsse* der Mädchen stehen denen der Jungen nicht mehr nach. In der Altersgruppe von 15 bis 25 Jahren verfügen 33,5 Prozent der Frauen (43,6 Prozent der Männer) über einen Hauptschulabschluß, 30,4 Prozent (21,4 Prozent der Männer) besitzen den Realschulabschluß oder eine gleichwertige Schulausbildung und 14,7 Prozent (14,3 Prozent der Männer) besitzen Fachhochschul- oder Hochschulreife.

Doch trotz ihrer besseren schulischen Voraussetzungen sind die Mädchen bei der Ausbildung an Hoch- und Fachhochschulen immer noch im Hintertreffen: In der Gruppe der 25- bis 35jährigen verfügen die Männer zu 13,9 Prozent über ein abgeschlossenes Studium an einer Fachhochschule oder einer Hochschule, die Frauen allerdings nur zu 9,5 Prozent. Mit zunehmendem Alter verbessert sich die Ausbildungssituation für die Männer noch viel stärker.

Besser sieht der Vergleich zwischen Frauen und Männern aus, wenn eine klassische Berufsausbildung nach der Schule zugrundegelegt wird: Hier halten sich die Geschlechter fast die Waage im Ausbildungsstandard. Über eine abgeschlossene Berufsausbildung verfügen 34,5 Prozent der jungen Frauen und 35 Prozent der jungen Männer zwischen 15 und 25 Jahren.

Entscheiden sich die Abiturientinnen für ein Studium, dann geht es auch wieder in die traditionell „weiblichen“ Fakultäten, die Naturwissenschaften werden immer noch gerne ausgespart. Nach Erhebungen des Statistischen Bundesamtes waren im Wintersemester 1985/86 zwar 61,2 Prozent aller Studierenden im Bereich der Sprach- und Kulturwissenschaften weiblich, mit 57,3 Prozent stellten die Frauen auch den größeren Anteil auf dem Gebiet der Kunst und Kunstwissenschaft, und in der Veterinärmedizin stellten sie ebenfalls die größere Gruppe mit 56,2 Prozent. Doch in der Mathematik und den Naturwissenschaften war nur noch ein knappes Drittel (32,1 Prozent) Frauen, kaum vertreten sind die Frauen in den Ingenieurwissenschaften (11,9 Prozent). Eine Änderung wäre für die gesamte Volkswirtschaft und die Karrierechancen der Frauen durchaus wünschenswert.

Alt ist die Klage, daß Frauen miteinander nicht gut arbeiten können, sie kann aber wissenschaftlich untermauert werden. Und in diesem Bereich müssen die Frauen an sich arbeiten, wenn sie die gleichen Berufschancen wie die Männer fordern. Noch stellen Frauen, die den Beruf nicht nur als zusätzliche Einkommensquelle für die Familie sehen, die Minderheit dar. Frauen, die ihren ganz speziellen Weg nach oben eingeschlagen und gefunden haben, sind in einer absoluten Ausnahmesituation. An anderen Frauen können sie sich kaum orientieren, da die beruflich Erfolgreiche höchst selten anzutreffen ist.

Das kann zum sogenannten Bienenkönigin-Syndrom führen: Frauen im gleichen Unternehmen, die auch berufliche Lorbeeren ernten wollen, werden bekämpft. Konkurrenz aus dem eigenen Lager ist nicht willkommen. Schafft die Konkurrentin den Aufstieg nicht, hat die Bienenkönigin kein Mitleid: die andere war eben nicht geeignet. Und die Bienenkönigin hat ihr Ziel erreicht: einzige Frau unter Männern zu bleiben.

Dieses Verhalten muß schleunigst abgebaut werden. Nur wenn alle erfolgreichen Frauen bereit sind, mit ihren Geschlechtsgenossinnen zusammenzuarbeiten, kann die gleiche Forderung an die männlichen Kollegen gerichtet werden.

Natürlich gibt es erfolgreiche Frauen, die sich mit harten Bandagen ihren persönlichen Spitzenplatz erkämpft haben, und die trotzdem weibliche Nachwuchskräfte stark unterstützen. Doch das können nur die Frauen leisten, die nicht zu stark unter ihrer Sonderstellung leiden.

> Die Wissenschaftlerin *Ute F.,* die sich mit vielen Umwegen ihren Platz über den zweiten Bildungsweg in der typischen Männerdomäne Universität erobert hat, sagt: „Wir Frauen haben es schwerer, wir müssen bessere Leistungen als die Männer bringen, um überhaupt anerkannt zu werden. Aber wir können das genauso leisten. Wer das wirklich will, kann es schaffen. Und allein das Wissen darum, daß andere Frauen

ähnlichen Problemen ausgesetzt sind, hilft, im beruflichen Alltag Selbstsicherheit zu zeigen, die Männer im Zweifelsfalle nicht merken lassen, wie verletzbar man selbst ist. Sonst heißt es gleich wieder: typisch Frau." Sie ist eine von den Frauen, die Nachwuchskräften des eigenen Geschlechtes gerne – und sei es nur moralisch – unter die Arme greifen.

Natürlich ist das „typisch Frau" häufig nicht zu leugnen. Die *Erziehung* hämmert den Frauen ein: Emotionalität, Demut, Hilfsbereitschaft, Freundlichkeit, Verständnis, Pflichtbewußtsein und nicht zuletzt Ordnungssinn, um ein paar der gängigsten Erziehungsideale für Mädchen zu nennen. Doch immer mehr lockert sich das alte Modell, bekommt die weibliche Erziehung zumindest im Bewußtsein der erwachsenen Frau Brüche: Aggressivität und Selbstbewußtsein erhalten plötzlich im Denken und Handeln einen wichtigen Stellenwert, der ausgelebt werden will.

Wer sein Lebenssteuerrad in Richtung auf den beruflichen Erfolg einschlagen will, der muß sich ganz spezielle Eigenschaften antrainieren. Zielstrebigkeit, Selbstbewußtsein und Durchsetzungsvermögen sind neben dem fachlichen Können und der praktischen Intelligenz gefragt. Die Ausgangsposition – wie etwa die schulische und berufliche Ausbildung – ist dabei im Zweifelsfalle weniger ausschlaggebend als die Bereitschaft, den zu erwartenden beruflichen Druck positiv zu bewältigen. Sie müssen die Karriere selbst wollen. Nur dann kann es klappen.

1.2 Die Karriere-Blocker der Frauen

Karriere kann nur die Frau machen, die es schafft, den typischen Karriere-Blockern aus dem Weg zu gehen. Aufgrund ihrer Erziehung fällt Frauen das Streben nach höheren beruflichen Weihen viel schwerer als Männern. Aber jede Frau kann mehr als das Übliche aus ihrem Beruf und ihrer Ausbildung machen, kann aus der Masse hervortreten und auf sich aufmerksam machen: Eine Sachbearbeiterin kann sich das Ziel setzen, Referentin werden zu wollen, eine medizinisch-technische Assistentin kann ihr Bestreben darauf richten, leitende Unterrichtsassistentin zu werden.

Wichtig ist: *der Wille zum Vorwärtskommen.* Wenn der gepaart ist, mit dem Beherrschen des eigenen Fachgebietes, der Leistungsbereitschaft, dem Einsatzwillen sowie Persönlichkeit, dann rückt der berufliche Erfolg schon in greifbare Nähe. Der Wunsch, im Berufsleben eine Bedeutung zu erlangen, scheitert bei Frauen freilich schon oft nach den ersten positiven Ansätzen: Die Ausbildung ist gut, doch schon danach beginnen die Schwierigkeiten. Noch längst nicht die Mehrzahl der Frauen betrachtet eine Berufstätigkeit als Selbstverständlichkeit –

geschweige denn als persönliche Notwendigkeit. Sie sind hin- und hergerissen zwischen dem Wunsch, einen Lebenspartner zu finden und gleichzeitig von diesem finanziell unabhängig zu sein. Deshalb gerät die Entscheidung zwischen Berufsleben und Privatleben zum Hindernislauf, der einer angepeilten Karriere nur hinderlich ist.

Karriere-Blocker Nr.1 : die Lebensplanung

Der Karriere-Blocker Nummer 1 ist für Frauen die nicht vorhandene Lebensplanung, die mangelnde persönliche Zielsetzung. Frauen können Chancen am Arbeitsplatz nur wahrnehmen, wenn der Beruf als eine Selbstverständlichkeit in allen Lebensphasen akzeptiert und gewünscht wird. Sie müssen sich davon lösen, den Beruf nur als Übergangsstadium bis zur Mutterschaft zu betrachten.

Kinder und Ehemann stehen einem beruflichen Aufstieg keineswegs im Wege. Noch immer betrachten aber viele Frauen ihren Beruf lediglich als Zubrot für die Zeitspanne von der Heirat bis zur ersten Schwangerschaft. Mit dieser Einstellung können Sie kaum Karriere machen. Überlegen Sie sich, welche Möglichkeiten sich Ihnen bieten, wenn Sie nach der Geburt Ihres Kindes die Berufstätigkeit für einige Jahre oder gar Jahrzehnte an den Nagel hängen: Sie haben den Anschluß verpaßt, von Karriere können Sie höchstens noch träumen. Sie müssen sich mit einer untergeordneten Tätigkeit zufrieden geben. Arbeit hat dann nur noch das eine Ziel: Geld zu verdienen. Sie wollen aber mehr, weil der Beruf für Sie ein Stück Lebensqualität darstellt. Sie brauchen und wünschen die Kontakte am Arbeitsplatz, Sie arbeiten gerne, weil Sie Ihre Leistungsfähigkeit unter Beweis stellen wollen. Sie lieben den Konkurrenzkampf mit den Kollegen, Sie wollen Entscheidungen treffen. Sie wissen, Sie sind nicht die selbstlose Frau, die sich mit dem Erziehen der Kinder und dem Hüten des Hauses zufriedengibt. Es reicht Ihnen nicht, sich im Schatten Ihres erfolgreichen Ehemannes zu tummeln. Sie wollen selbst erfolgreich sein! Sie wollen auch auf die berufliche Karrierekarte setzen, und Sie möchten natürlich ein As ziehen. Und nicht zuletzt wollen Sie mehr verdienen als Ihre Kolleginnen und Kollegen. Dann muß für Sie das Einbeziehen Ihrer Berufstätigkeit in Ihre Lebensplanung Bedürfnis und Unentbehrlichkeit sein. Sie wissen: Der Beruf ist ein Dauerzustand, keine Übergangsregelung.

Karriere-Blocker Nr. 2: die Berufsplanung

Karriere-Blocker Nummer 2 ist die unzureichende berufliche Planung. Mangelnde Voraussicht und ungenügende Konzeption graben vielen erfolgversprechenden weiblichen Nachwuchskräften sehr schnell das Wasser ab. Wer aber auf dem Trockenen sitzt, der hat übermäßige Kräfte aufzuwenden, um wieder fit zu werden, um weiter mithalten zu können im beruflichen Konkurrenzkampf. Der gehört zum Berufsalltag jedoch dazu.

Setzen Sie sich selbst Karriereziele: kurzfristige, mittelfristige und langfristige. Sind Sie Verkäuferin, könnten Ihre Ziele beispielsweise lauten: Ich möchte Erstverkäuferin werden, dann Substitutin, und in acht Jahren möchte ich eine Abteilung leiten. Eine Krankenschwester kann sich die Aufgabe stellen, zuerst Stationsschwester, dann OP-Schwester und letztlich Lehrkrankenschwester zu werden. Eine Betriebswirtin kann sich vornehmen: Ich absolviere ein Trainee-Programm, dann steige ich in einer Unternehmensberatung als Junior-Beraterin ein, um mein Ziel zu erreichen, in zehn Jahren Partnerin in einer Beratung zu werden. Ihren Phantasien sind wenig Grenzen gesetzt. Sie müssen es nur wagen, für sich selbst überhaupt einen beruflichen Aufstieg in Betracht zu ziehen.

Groß ist die Schwierigkeit dieser Aufgabe für Frauen. Sie haben häufig nicht gelernt, für sich selbst Wünsche und Zielsetzungen zu formulieren. Die passive Haltung, die Mädchen von Kindesbeinen an trainieren, müssen Sie spätestens dann über Bord werfen, wenn Sie Ihre Ausbildung abgeschlossen haben. Der Umstieg in die aktive Lebensgestaltung ist machbar und möglich.

> Ein Beispiel dafür gibt die heute hochdotierte *Hanna R.* Sie arbeitete nach dem Hauptschulabschluß als Büroanlernling in einem Unternehmen, heiratete kurz nach Abschluß der Lehre und brachte mit zwanzig Jahren ihren Sohn zur Welt. „Ein Jahr lang war ich zuhause, dann fiel mir die Decke auf den Kopf. Ich fühlte mich total ausgeschlossen und streckte meine Fühler nach einer Schreibstelle aus. Das konnte ich." Doch immer nur Tippen war Hanna R. zu wenig. Ohne die Unterstützung ihre Ehemannes erarbeitete sie sich in Abendkursen die Mittlere Reife und besuchte danach abends Sekretärinnenkurse. Heute ist sie Herrin eines Chefsekretariates. Und sie ist mit sich zufrieden. Ihr Beruf füllt sie aus, auch der Ehemann hat mittlerweile ihren Ehrgeiz akzeptiert. Der achtzehnjährige Sohn ist wohlgeraten und stolz auf seine Mutter, die ihr Leben aktiv gestaltet.

Karriere-Blocker Nr. 3: das Arbeitsumfeld

Der dritte typische Karriere-Blocker auf dem Weg nach oben ist das Arbeitsumfeld. Frauen müssen von ihrem Tun, von ihrer Aufgabe überzeugt sein, um gute Leistungen erbringen zu können. Im Normalfall reicht ihnen dazu ein verlockendes Gehalt nicht aus. Deshalb muß das gesamte Umfeld zu ihrer Persönlichkeit passen.

Wenn Sie sich nicht wohlfühlen in einer Großorganisation, dann suchen Sie sich lieber ein kleineres Unternehmen, in dem Sie sich Ihre beruflichen Sporen verdienen können. Auch die Branche, in der Sie arbeiten, muß zu Ihnen passen. Wenn Sie nicht gerne häufig mit fremden Menschen zusammenkommen, dann sollten Sie sich nicht für einen Beruf im Hotellerie- und Gastronomie-Gewerbe entscheiden, auch keine Laufbahn im Personalwesen anstreben. Wählen Sie lieber Ihren Weg in der Kostenrechnung oder in einer typischen Verwaltung.

Ein Beispiel dafür ist *Christa Z.:* Fasziniert vom weltstädtischen Flair in internationalen Hotels, wünschte sie sich nach dem Abitur eine Ausbildung zur Hotelkauffrau. Ihr Wunsch wurde Wirklichkeit, doch die Lehrzeit erlebte sie als Quälerei. „Mir machten weder die Dienstleistungen Freude, noch hatte ich Lust, mich immer um die Wünsche der Gäste zu kümmern."

Kurzentschlossen hängte sie den Hotelberuf an den Nagel und suchte sich einen Ausbildungsplatz zur mathematisch-technischen Assistentin: Die einzige Aufgabe, die ihr während der Ausbildung im Hotel Spaß gemacht hatte, war nämlich die Tätigkeit im Back-Office, als sie mit dem Computer umgehen durfte. Heute arbeitet sie als Gruppenleiterin in der EDV-Abteilung eines Versicherungskonzerns und freut sich an den Detailaufgaben, die es zu lösen gilt.

Karriere-Blocker Nr. 4: das Engagement

Wer sein ganz persönliches Karriere-Programm aufgestellt hat, muß diese Vorgaben natürlich auch in die Realität umsetzen. Die Pläne allein sind zwar äußerst wichtig, führen jedoch noch keineswegs zu dem angepeilten Ziel. Jetzt heißt es, das ganze berufliche Sinnen und Trachten auf diese Ziele auszurichten. Dazu gehört eine große Portion Engagement, doch daran mangelt es den Frauen.

Engagement bedeutet totalen Einsatz für den Beruf, nicht nur ein Absolvieren der Pflichtaufgaben. Engagement verlangt, immer wieder Leistungen zu bringen und zwar bessere als die vorhandene Konkurrenz. Die Einsatzbereitschaft birgt nicht zuletzt auch die zeitliche Verfügbarkeit in sich. Wenn es sich als notwendig erweist, dann hat Frau eben einen Arbeitstag, der länger ist als die üblichen 8 Stunden. Wer dazu nicht bereit ist, der sollte sich gar nicht erst der Illusion hingeben, Karriere machen zu können. Der soll es den weiblichen und männlichen Mitwettbewerbern überlassen.

Engagement heißt auch, Bereitschaft zur geographischen Mobilität mitzubringen. Nicht nur auf Anraten oder Wunsch des Unternehmens, in dem man gerade beschäftigt ist. Sondern dann mobil zu sein, wenn es der eigene berufliche Weg gerade fordert. Eine geradlinige Karriere in einem Unternehmen, an einem Ort, ist zwar denkbar, aber keineswegs die Normalität. Wer vorwärtskommen will, der muß immer mal wieder einen Ortswechsel in Kauf nehmen.

Und hier tun sich die Frauen besonders schwer. Die Bindung an Arbeitskollegen und Wohnort ist häufig so groß, daß ein Umzug und damit ein Neuanfang überhaupt nicht in Betracht gezogen wird. Doch wer sich an die Spitze vorarbeiten will, der kommt ohne berufliche Wechsel kaum voran. Speziell im Handel werden Sie kaum Lorbeeren ernten können, wenn Sie nicht bereit sind, nach einem halben Jahr in Hannover vielleicht ein halbes Jahr in Bonn zu arbeiten. Sind Sie gar in einem international tätigen Unternehmen beschäftigt, gehören Auslandsaufenthalte eben auch zu Ihrer Trainingszeit als erfolgversprechender Führungsnachwuchs dazu. Der Weg zur Führungskraft ist nun einmal mit persönlichen Entbehrungen im privaten Bereich verbunden.

Karriere-Blocker Nr. 5: die Familie

Für die männlichen Kollegen auf Karriere-Trip ist die Familie – oder besser die Ehefrau – Unterstützung und fast Notwendigkeit. Für Frauen, die ihrem eigenen Beruf große Bedeutung beimessen, ist die Familie ein typischer Karriere-Blocker – unabhängig davon, ob Kinder vorhanden sind oder nicht. Die Frau nimmt üblicherweise große Rücksicht auf den Partner. Seiner Karriere wird eine Vormachtstellung eingeräumt. Wenn er seinen Arbeitsplatz wechseln will, weil er im jetzigen Unternehmen kein Vorwärtskommen mehr für sich sieht, packt die Ehefrau beinahe klaglos die Umzugskisten.

Umgekehrt wagt eine Frau es häufig nicht, bei ihrem Ehemann eigene Karrierewünsche anzumelden. Von diesen überkommenen Vorstellungen müssen sich die Frauen trennen. Wollen sie ihre Karriere-Bestrebungen nicht in den Wind schreiben, müssen sie ihren Partnern klarmachen: Wir beide haben einen Beruf, wir beide wollen vorwärtskommen, also müssen wir beide Rücksicht nehmen auf die Wünsche und Vorstellungen des anderen.

Lösungen, die beide Teile zufriedenstellen, können mit gutem Willen im Regelfall gefunden werden.

Kinder und Karriere können durchaus beides Elemente eines Frauenlebens sein. Vorausgesetzt aber ist, daß die Frau sich nicht die typische Teilzeitarbeit wünscht. Denn Karriere mit eingeschränktem Arbeitseinsatz ist in den meisten Unternehmen noch absolut nicht üblich. Ausnahmen bestätigen zwar die Regel, aber auf diese Ausnahmesituation zu hoffen, ist töricht.

Kein Arbeitgeber wird Ihnen Steine in den Berufsweg legen, wenn Sie nach der Geburt eines Kindes vielleicht ein Jahr lang zuhause bleiben wollen. Nutzen Sie aber diese Zeit, um beruflich auf dem laufenden zu bleiben: Halten Sie Kontakt zu Ihren Kollegen, lesen Sie Fachzeitschriften und Fachbücher, oder besuchen Sie mal ein Seminar. Und vor allen Dingen: Sagen Sie Ihrem Chef rechtzeitig, daß Sie spätestens nach einer Zeit von beispielsweise zwölf, maximal jedoch 24 Monaten wiederkommen wollen. Die Frau, die eine fünfjährige Kinderphase – oder gar noch länger – plant, sollte allerdings auf Karrierepläne verzichten. Derartige Zeitspannen sind zu lang, um den beruflichen Anschluß noch zu halten.

Karriere-Blocker Nr. 6: das Verhalten

Im richtigen und situationsangepaßten Verhalten beweist sich die Führungspersönlichkeit. Doch immer noch üben sich Männer fast von den Strampelhosen an in diesem Benehmen, Frauen stehen hier außen vor. Männer haben meist instinktiv das Gefühl für den rechten Zeitpunkt, stärken den Kollegen im richtigen Moment den Rücken, wissen, wann sie „Ja“ sagen müssen oder „Nein“.

> Die Bankkauffrau *Ina A.* erzählt ein Beispiel: „In einer Abteilungsbesprechung erteilte mir mein Vorgesetzter den Auftrag, innerhalb von fünf Tagen alle Daten und Informationen über das Kreditgeschäft unserer Filiale aus dem vergangenen Jahr zusammenzustellen. Ich antwortete, in der kurzen Zeit könne ich das nicht schaffen. Seine ärgerliche Reaktion darauf: 'Sie müssen.' Hinterher, im Gespräch mit Kollegen, ist mir bewußt geworden, wie falsch mein Verhalten war. Mir hätte klar sein müssen, er will diesen Bericht über das Kreditgeschäft unbedingt haben. Ich dachte aber nur an meinen ohnehin vollen Schreibtisch.“ Ina A. hatte die Situation nicht sofort richtig erfaßt und ging gleich in Abwehrhaltung, ohne aber ihrem Vorgesetzten den Grund dafür zu nennen.

Dieser Fehler ist symptomatisch für Frauen, wie Personalleiter Erich W. feststellt: „Männer registrieren die Wünsche ihrer Vorgesetzten schneller. Sie wissen, nur mit Hilfe des Chefs können sie weiterkommen, und das beachten sie. Frauen kümmern sich oft zu wenig um die Wünsche der anderen, sie sehen ihre eigene Arbeit und sonst nichts. Das ist falsch.“

Aber Training ist alles, auch in Sachen Verhalten: Ein Seminar zur rechten Zeit hat noch niemandem geschadet. Wichtig sind immer das Selbstbewußtsein und die Selbstdarstellung. Nicht auf eine überzogene Schauspielerei kommt es an, sondern auf den portionierten Einsatz. Auf das Zeigen: Ich bin jemand, ich kann etwas, und das weiß ich auch.

Mindestens zur Hälfte macht der Umgang mit den Kollegen den beruflichen Erfolg aus. Wichtig ist, sich kooperationsbereit zu verhalten, Interesse an den

Kollegen, am betrieblichen Umfeld zu beweisen und nicht nur die eigenen Aufgaben möglichst gut zu lösen.

Ganz selbstsicher hätte Ina A. sagen können: „Diese Aufgabe übernehme ich gerne, allerdings können sich dann die anderen Arbeiten etwas verzögern." Sie hätte die Situation also durchaus für sich nutzen können, ohne den Chef erst verstimmen zu müssen.

Das „Sich-Verkaufen-Können" ist eine Fähigkeit, die zum beruflichen Aufstieg dazugehört. Egal, ob in einer Konferenzrunde, mit Mitarbeitern, Kollegen oder Kunden.

Und wichtig ist: Private Probleme oder Schwierigkeiten zuhause haben am Arbeitsplatz wenig zu suchen. Frauen neigen viel stärker als Männer dazu, Privatleben und Berufsleben zu verquicken. Verfallen Sie nicht in diesen Fehler! Das schlechte Gewissen in Sachen Familie darf ihre Arbeit nicht belasten. Wenn Sie nicht wissen, wann Sie Ihre häuslichen Einkäufe erledigen sollen, ist das Ihr Problem, nicht das Problem Ihres Chefs. Wenn Sie länger arbeiten sollen als geplant, dann lehnen Sie nicht mit dem Einkaufs-Argument ab. Sorgen Sie beispielsweise am Wochenende dafür, daß für die kommende Woche genügend Lebensmittel im Kühlschrank sind, oder spannen Sie einen Dritten für diese Zwecke ein. Sonst wird dieser Störfaktor sehr schnell von der Konkurrenz ausgemacht, die dann wieder feststellt: Typisch Frau, zwar ehrgeizig, aber ohne den Willen, den beruflichen Streß durchzuhalten.

2 Der Wille zum Erfolg

Vor ungewohnten Barrieren steht jede Frau, die sich auf den beruflichen Kampf in der klassischen Domäne der Herren einläßt. Lassen Sie sich von diesen unsichtbaren Schranken nicht abschrecken. Verstehen Sie Hindernisse vielmehr als eine Herausforderung, die Sie annehmen sollen.

Die erste Hürde haben Sie bereits erklommen. Sie wissen, Sie wollen langfristig berufstätig sein. Doch heißt das nicht unbedingt, daß Sie mit diesem Wunsch gleichzeitig Karriere-Vorstellungen verbinden. Nicht jeder Mann und nicht jede Frau beschäftigt sich mit diesem Thema im eigenen Lebenszusammenhang.

> Die Speditionsangestellte *Katharina T.*, 33 Jahre alt, ein Kind, geschieden, ist nicht bereit, die steile Gratwanderung zum beruflichen Erfolg zu beginnen: „Mein Beruf ist für mich wichtig: Erstens benötige ich das Gehalt, zweitens brauche ich die vielen sozialen Kontakte, die ich Tag für Tag an meinem Arbeitsplatz habe. Doch an Karriere denke ich nicht. Meine Arbeitswoche hat 40 Stunden – nicht mehr und nicht weniger. Ich will leben und meine Zeit selbst einteilen können.“

Diese Einstellung ist legitim. Deshalb müssen Sie sich möglichst frühzeitig Gedanken machen, ob Sie eigentlich willens sind, den Karriereweg einzuschlagen.

2.1 Karriere – was ist das?

Hinter dem Begriff Karriere versteckt sich eine außergewöhnliche berufliche Laufbahn. Das Wort kommt aus dem französischen Sprachgebrauch und heißt Renngalopp, was der schnellsten Gangart des Pferdes entspricht. Übersetzt in den beruflichen Alltag wird das Wort Karriere für den oder die Berufstätigen angewendet, die ihren Kollegen immer eine Nasenlänge voraus sind, die rascher merken, woher der Wind weht, die Problemstellungen fixer erkennen, die Aufgaben schneller lösen können als die anderen und entsprechend bei den anstehenden Beförderungen bedacht werden: Zielstrebig geht es mit ihnen nach oben. Flottes Begriffsvermögen und hohe Arbeitsleistung in kurzer Zeit, eventuell noch unter Druck, reichen zwar aus, um zum ersten Sprung auf die Karriere-Leiter ansetzen zu können, sind aber noch längst kein Garant für einen kontinuierlichen Aufstieg. Gefragt sind auch Durchhaltevermögen, Belastbarkeit und die Fähigkeit, mit anderen Menschen umgehen zu können.

Aus Sicht des Unternehmens ist Karriere ein betrieblicher Ausleseprozeß: Geeignete Kandidaten rücken der Unternehmensspitze immer etwas näher. Für den Arbeitnehmer ist Karriere die Belohnung für den Einsatz im Beruf, für das Bessersein als die anderen. Eine Karriere bedeutet das Heraustreten aus der Masse. Je weiter Sie sich auf die Unternehmens-Spitze zubewegen, um so exponierter wird Ihre eigene Position und um so gefährdeter. Denn: Wer im Rampenlicht des Interesses steht, der hat nicht nur Freunde, sondern genügend Personen um sich herum, die die höhere Stellung neiden. Und Männern fällt es nicht leicht, eine Frau an sich vorüberziehen zu sehen. Dagegen muß man sich wappnen und damit leben.

Karriere ist nicht nur das Aufsteigen, das Übersteigen der Kollegen in hierarchischer Hinsicht. Die Frau, die Karriere machen will, die fordert mehr: Sie will Macht. Ihr Machtbewußtsein ist ausgeprägt, sie verfügt über die Kompetenz, um diese Macht ausüben zu können, sie ist gewillt, die dafür nötige Verantwortung zu tragen. Und: Sie ist in der Lage, sich dem dafür nötigen Wettbewerb zu stellen.

Für das Ansehen und die finanzielle Entlohnung, die mit dem beruflichen Hinaufsteigen verbunden sind, will sie sich dem Konkurrenzkampf täglich stellen. Denn ihr Ziel heißt: Sich selbst verwirklichen, eigene Entscheidungen zu fällen, und die Kreativität zum Nutzen des Unternehmens und zum eigenen Nutzen spielen zu lassen.

Karriere kann sowohl mit *Personalverantwortung* verbunden sein, als auch den *beruflichen Erfolg in einer Fachlaufbahn* meinen. Die positiven Auswirkungen, die nach außen damit verbunden sind, sind gleich. Doch die unternehmensinternen Bedingungen sind andere. Wer in einer reinen Fachlaufbahn als Spezialistin Karriere macht, ist geringeren Anfeindungen ausgesetzt: Die Fachkompetenz wird geschätzt, an ihr kommen Dritte auch nicht so schnell vorbei.

Frauen sind häufig geneigt, an diesen Karriereweg zu denken, weil sie dann nicht gleichzeitig mit ihrer Aufgabe Personalverantwortung tragen müssen.

> Die Juristin *Jutta K.*, 39 Jahre alt, Junggesellin mit festem Partner, hat sich für diesen Weg entschieden. Sie ist Leiterin der Rechtsabteilung in einem Unternehmen der Textilbranche. Ihrer Ein-Frau-Abteilung ist eine Schreibkraft zugeordnet, sonst hat sie keine Mitarbeiter. Das war für sie entscheidend, diese Position vor sechs Jahren zu akzeptieren. „Zuvor arbeitete ich in einem Unternehmen der Bauwirtschaft mit mehreren Kollegen als stellvertretende Abteilungsleiterin. Recht schnell bemerkte ich, daß meine kommunikativen Fähigkeiten im Umgang mit sogenannten Untergebenen sehr begrenzt sind. Fragen sind mir lästig, Schwierigkeiten innerhalb der Gruppe interessierten mich nicht. Heute

kann ich selbständig entscheiden, alle wichtigen Verträge und Dokumente laufen über meinen Schreibtisch. Meine Verantwortung ist groß, doch ich muß sie nur für mich alleine tragen."

Ganz anders dagegen die 37 Jahre alte *Birgit N.*, verheiratet, keine Kinder, die sich nach Abschluß der Realschule auf einer Fachschule zur geprüften Pharmaberaterin ausbilden ließ. Sie braucht vielfältige Kontakte, hat Freude am Umgang mit Menschen und an der Führung anderer. Sie startete ihre Berufslaufbahn mit 20 Jahren als Pharmaberaterin. Recht bald gehörte sie in ihrer Gruppe zu den Besten. Vor vier Jahren bewarb sie sich bei einem Konkurrenz-Unternehmen als Gebietsverkaufsleiterin und erhielt die Stelle. „Das war mein größter beruflicher Erfolg. Die männlichen Mitarbeiter waren zu Beginn sehr, sehr skeptisch. Doch rasch merkten sie, daß es keinen Unterschied macht, ob der Gebietsverkaufsleiter nun ein Mann oder eine Frau ist. Heute habe ich keine Akzeptanzprobleme mehr."

Die unterschiedlichen Ausprägungen von Karriere dokumentieren sich auch in *Sibylle B.*, 41 Jahre alt, verheiratet, ein Kind, die als Unterrichtsschwester tätig ist. Nach ihrer Ausbildung zur Krankenschwester arbeitete sie sich zur Stationsschwester hoch und entdeckte ihr pädagogisches Talent. Nach Absolvieren eines Eignungstestes besuchte sie zwei Jahre lang eine Krankenpflege-Hochschule und unterrichtet heute Krankenschwestern und Krankenpfleger. „Die Schulzeit war hart für mich, ich hatte nebenbei noch eine Familie zu versorgen. Doch ich habe es nie bereut. Nicht nur, daß ich jetzt über ein höheres Gehalt verfüge, ich kann auch meiner Neigung gerecht werden, mein Wissen an andere weiterzugeben."

Der Machtfaktor an der Karriere ist natürlich nicht der einzige Punkt, der Frauen und Männer reizt, nach den beruflichen Sternen zu greifen. Diejenigen, die ganz mit dem Karriere-Zug abfahren, die wissen: Die Arbeitszufriedenheit steigt um so mehr, je höher der eigene Freiraum am Arbeitsplatz ist. Arbeit ist mehr als reine Pflichterfüllung, sie ist eine große Herausforderung, der man mit Freude an der eigenen Tätigkeit entgegentreten kann.

Die Positiv-Liste in Sachen Karriere ist lang, doch genauso stattlich ist die Zahl der Nachteile, die mit einer erfolgreichen Berufslaufbahn gekoppelt sind. Nicht umsonst sind Führungskräfte weitaus mehr vom Streß geplagt, als der durchschnittliche Arbeitnehmer. Der Einsatz, der gefordert wird, ist hoch. Schließlich ist die Belohnung dafür auch hoch, die sich in der allgemeinen Anerkennung und im Gehalt ausdrückt.

Eine Karriere ist immer gekoppelt an das Zurückschrauben privater Wünsche. Der Beruf tritt in den Vordergrund. Das Wichtigste ist die Arbeit, alles andere kommt später und danach. Persönliche Ansprüche oder gar Träume sind Störfaktoren im unternehmerischen Getriebe. „Was nicht ins Grundmuster der Karriere-Rationalität sich einpassen läßt, wird abgespalten und in einen Bereich des Privaten verbannt. Diese Privatexistenz ist irgendwo außerhalb und am Rande angesiedelt, ohne eigentliche Daseinsberechtigung, wird wie ein notwendiges Übel gerade noch geduldet. So gesehen ist Karriere immer auch ein Einüben in Verzichtsleistungen aller Art: Verzicht auf viele Hoffnungen, Ansprüche, Pläne, viele Erfahrungen und Entdeckungen, die sich nicht mit der gradlinigen Berufsbiographie vereinbaren lassen; Verzicht auch auf viele Gefühle und Gespräche, Bindungen und Beziehungen; auf die zahlreichen Irritationen, Mühen und Schmerzen – und all die schönen Momente, die zum engen Zusammensein mit Menschen gehören. Statt dessen die Einpassung in ein Leben, das in vielerlei Hinsicht einseitig und bedürfnisfern ist, gezähmt und diszipliniert, kurz: stromlinienförmig durchorganisiert ist auf das eine Ziel 'Leistung'", wie die Wissenschaftlerin Elisabeth Beck-Gernsheim feststellt.

Nur ein kleiner Teil der berufstätigen Frauen ist bereit, die Entbehrungen auf sich zu nehmen, die eine Karriere fordert. Aber die, die es geschafft haben, die vermissen das Normal-Leben gar nicht.

Doris A., 36 Jahre alt, verheiratet, keine Kinder, Partnerin in einer Unternehmensberatung, ist eine Karrierefrau par excellence. Nach ihrem Studium der Betriebswirtschaft startete sie ihr Berufsleben als Vorstandsassistentin. Doch immer nur Wasserträger zu sein, behagte ihr wenig. Also informierte sie sich auf dem Stellenmarkt und siehe da, Unternehmensberater wurden gesucht. Als Juniorberaterin fing sie an und hatte immer mehr Spaß an ihrer Aufgabe. Die ständig wechselnden Projekte in immer wieder anderen Unternehmen entsprechen ihrem Naturell. Die vielen Dienstreisen und die teilweise extrem lange Arbeitszeit stören sie nicht: „Natürlich bin ich viel unterwegs, zeitweise sehe ich meinen Mann zwei Wochenenden lang nicht. Aber das hält nicht nur uns fit, sondern auch unsere Beziehung. Ich wollte beruflich erfolgreich werden. Das ist mir gelungen und darauf bin ich stolz. Mein Mann hat dafür Verständnis. Er ist emanzipiert genug, um auch ohne mich zurechtzukommen."

Jede Karriere fordert also ihren Preis. Der wird immer anders geartet sein. Doch sicher ist: das Privatleben, der Freizeitbereich, wird eingeschränkt. Gewerkschaftliche Forderungen nach einer Verkürzung der gesetzlichen Arbeitszeit werden nur noch insofern registriert als man selbst weiß: Die Mitarbeiter stehen jetzt weniger lang zur Verfügung.

Doch die Frau, die gewillt ist, nicht nur die Lorbeeren einer beruflichen Karriere zu ernten, sondern auch den entsprechenden Einsatz mit allen Nachteilen dafür zu wagen, die wird von der Industrie eine Chance bekommen. Ergreift sie die Möglichkeit, wird sie entsprechend entschädigt: materiell und immateriell.

Wenn Sie sich über Ihren Karriere-Willen nicht ganz im klaren sind, sollten Sie sich gründlich prüfen. Einmal im Erfolgs-Sog gelandet, ist es schwer, wieder einen Rückzieher zu machen. Aussteigen wirkt sich schlecht aufs eigene Image aus, Gefahr droht. Deswegen: Gut vorher überlegen, bevor der Karriere-Trip losgeht. Aber wenn die Entscheidung gefallen ist, dann heißt es mit allen Kräften loslegen und die Konkurrenz überrunden.

2.2 Voraussetzungen für eine Karriere

Allerwichtigste Voraussetzung für das Anstreben einer Karriere ist der *Wille* dazu, der gepaart sein muß mit einer geeigneten *Persönlichkeit* und hohem *Können.* Die fachlichen und die formalen Voraussetzungen müssen allerdings vorhanden sein, sonst nutzt auch das stärkste Wollen nichts, um im eigenen Unternehmen Aufschwung zu erhalten.

Frauen müssen viele Vorurteile überwinden. Führungspositionen trauen ihnen die Arbeitgeber nicht automatisch zu. Männern dagegen unterstellt das männliche Management einfach, daß sie auch hochrangigste Positionen ausfüllen können.

Außerdem verfallen die Frauen häufig in geschlechtstypische Fehler, die selbst der innere Drang zur Karriere nicht ausbügeln kann.

Gerne präsentieren deswegen Personalberater diese **zehn klassischen Fehler,** die Frauen häufig machen:

1. Wahl eines ungeeigneten Studiums wie beispielsweise Soziologie, Psychologie, Geschichte, Jura oder Wahl eines typischen Frauenberufes wie Sekretärin;
2. Stabs- oder Assistentenstellen werden länger als 18 Monate besetzt;
3. die Männer werden als Feinde angesehen;
4. der typische Business-Mann wird imitiert, der eigene Stil wird nicht gesucht, kann also auch nicht gefunden werden;
5. schon beim kleinsten Erfolg wird die öffentliche Aufmerksamkeit auf sich gezogen;
6. andere Frauen in der gleichen Organisation werden bevorzugt behandelt;

7. öffentliche Organisationen werden gegenüber Wirtschaftsunternehmen bevorzugt;
8. die Bereiche Personal- und Organisationsentwicklung werden zu stark besetzt;
9. typische Bürokratie- und Verwaltungsaufgaben werden zu häufig übernommen;
10. die Frauen geben sich selbst das Image, nur am beruflichen Vorwärtskommen interessiert zu sein.

Die idealtypische Frau sollte besser **zehn Glanzpunkte** in ihrem Lebenslauf aufweisen können:

1. Wirtschafts- oder Ingenieursstudium an einer bekannten Universität oder einer Business-School
   oder – als Alternative zum Studium –
2. Ausbildung in einem technischen Beruf, etwa mathematisch-technische Assistentin oder Organisationsprogrammiererin;
3. Anfangsstelle nach der Ausbildung in einer wachstumsorientierten Branche;
4. Karrierestart im Bereich Verkauf oder Marketing;
5. Sammeln von internationalen Erfahrungen möglichst schon in jungen Jahren;
6. Wechseln des Arbeitsplatzes in den ersten Berufsjahren, um möglichst viele Branchen und Aufgabengebiete kennenzulernen;
7. das Auftreten vor großen Gruppen und in der Öffentlichkeit lernen;
8. dem Berufsleben ein ausgefülltes Privatleben entgegenstellen;
9. sich selbst erkennen, und sich so präsentieren;
10. nicht alles immer gleich persönlich nehmen.

Ein Freifahrschein für den beruflichen Erfolg sind diese Kriterien genausowenig, wie die ausgemachten Fehler eine Karriere nicht immer behindern werden. Aber die Frau, die gezielt ihren Karriereweg einschlägt, sollte sich dieser Anforderungen bewußt sein.

Grundsätzlich ist die fachliche Qualifikation – in welchem Beruf, in welcher Sparte und Branche auch immer – die Eingangsvoraussetzung, um überhaupt den Zutritt zu den Machtzirkeln auf kleinster Ebene zu erreichen. Nur die Frau, die schon kurz nach ihrem Berufsstart positiv auffällt, kann überhaupt Hoffnungen an ein Weiterkommen knüpfen.

Ohne das Wissen darum, sondern rein aus ihrem Instinkt heraus, hat sich *Sabine G.* nach Abschluß der Realschule aus Interesse für einen unüblichen Berufsweg entschieden: Sie ging bei einem Förster in die Lehre.

Heute ist die 48jährige verheiratete Frau Mutter zweier Kinder und Forsträtin. „Eigentlich habe ich in meinem Berufsweg immer Glück gehabt. Zuerst setzte ich mich gegen meine Eltern durch: Kindergärtnerin sollte ich lernen, das wollte ich aber nicht. Dann hatte ich das Glück, die Lehrstelle zu erhalten, die ich wollte, und danach ging es – mehr oder weniger ohne mein Zutun am Anfang – aufwärts. Doch schnell hatte ich Geschmack am beruflichen Engagement gefunden, und ab da setzte ich mir immer die nächsten Ziele“.

Sabine G. ist einerseits eine typische Vertreterin ihrer Generation, weil sie den beruflichen Aufstieg nicht von Anfang an geplant hat und abwartete, was so passierte. Andererseits ist sie atypisch. Sie erkannte nach einiger Zeit: Ich muß Passivität in Aktivität umwandeln, und den Sprung vom sicheren Boden auf das Hochseil namens Karriere wagen.

Zu dem fachlichen Know-how gesellt sich mindestens gleichgewichtig die persönliche Fähigkeit, um mit einem Vorrücken in die nächste berufliche Anspruchsklasse, in die höhere Kategorie, liebäugeln zu können. Das Wichtigste ist die innere Motorik, der Drang, besser zu sein und mehr für das Unternehmen leisten zu wollen, als die anderen. Ohne diese Charaktereigenschaft kann der Traum von der Karriere schnell zum Wunschtraum geraten. Und diese Eigenschaften machen sich schon in der frühesten Kindheit und in der Jugend bemerkbar.

Das Sichmessen an anderen muß eine Selbstverständlichkeit sein, ebenso das Führen anderer. Die Rolle der Klassensprecherin oder der Gruppenleiterin bei den Pfadfinderinnen wird nicht von stillen Mädchen übernommen. Nicht von Mädchen und jungen Frauen, die gerne im Hintergrund bleiben, möglichst nicht auffallen wollen, sondern von Persönlichkeiten, die anderen etwas zu sagen haben. Schon hier beweist sich: Das Härkchen muß sich frühzeitig krümmen, um eine gestandene Harke zu werden. Der Wille zur Dominanz, der immer gekoppelt ist mit einem Führungsanspruch über Schwächere ist nicht nur nützlich, sondern notwendig, wenn das Karriere-Schicksal beeinflußt werden soll.

Weitere Eigenschaften sind für die Karriere vonnöten. Der brillanteste Kopf, der von Macht- und Führungsgedanken durchdrungen ist, wird beruflichen Schiffbruch erleiden, wenn nicht Stehvermögen, Teamgeist, Kommunikationsfähigkeit und gutes Konfliktverhalten hinzukommen. Der Weg an die Spitze ist kein Zuckerschlecken. Die Konkurrenz ist groß. Erst im Durchhaltevermögen, im Umgang mit dem eigenen Chef oder der eigenen Chefin beweist sich die potentielle Könnerin. Denn der Karriereweg ist mit vielen Steinen gepflastert, die Zahl der Rückschläge kann sehr groß sein. Und nur die Frau, die sich immer wieder wie ein Stehaufmännchen aufrappelt, nicht nachgibt, sondern zielstrebig ihre Wünsche im Unternehmenssinne verfolgt, wird weiterkommen. Ehrgeiz ist gefragt. Die Chance zum Beweisen Ihrer Fähigkeiten erhalten Sie, wenn Sie diese Eigenschaften unter Beweis stellen.

Und wer jetzt schon flügellahm ist, der sollte sich mit einer Position in den unteren Ebenen zufriedengeben. Schließlich werden weitaus mehr Indianer benötigt als Häuptlinge. Und nicht jeder eignet sich schließlich zum Häuptling. Die Frau aber, die ein entschiedenes Auftreten besitzt, die rasch vernünftige Entscheidungen fällen kann, die nicht weinerlich die eigene unglückliche Situation bedauert, die wird ihre Möglichkeiten wahrnehmen. Natürlich sind die Hemmnisse größer als für die Männer, wenn es heißt, den beruflichen Aufstieg anzutreten. Aber die Frauen sollen das als zusätzliche Herausforderung begreifen, diese Herausforderung annehmen und sich ihr stellen. Die Unternehmen kommen an diesen Frauen nicht vorbei. Nicht zuletzt deswegen, weil der männliche Nachwuchs zunehmend knapper vertreten ist, und die Frauen ein großes, gutes und fähiges Potential für die Wirtschaft darstellen.

3 Der Mut zum Erfolg

Männer machen einfach Karriere. Das ist in den Augen von Männern und Frauen eine Selbstverständlichkeit. Fordern Frauen die gleichen Chancen für sich, ist die Umwelt verwundert, zeigen Männer und Frauen sich immer noch verblüfft ob dieses Anspruchs. Gleichberechtigung? Chancengleichheit?

Die Frage, vor die sich Frauen heute gestellt sehen, heißt nicht länger „Familie und/oder Beruf?“, die Frage der neunziger Jahre heißt vielmehr „Familie und/oder Karriere?“. Die berufstätige Frau ist mittlerweile anerkannt, wenn sie auch meist als Zweitverdiener oder Doppelverdiener apostrophiert wird. Noch keine Akzeptanz haben all die Frauen gefunden, die selbst ihren Berufsweg in die Hand nehmen wollen, die ihre eigenen Vorstellungen und Ziele von ihrem Arbeitsleben haben. Kurz: Die Frauen, die genauso wie die Männer *Selbstverwirklichung* am Arbeitsplatz fordern, mit allen Pflichten und Rechten, die dazugehören.

Zugegeben: Noch sind es wenige Frauen, die tatsächlich den Mut aufbringen, sich der männlichsten aller Domänen, der Wirtschaftswelt, zu stellen und ihren Erfolgsanteil zu fordern. Aber laufend nimmt die Zahl der Damen zu, die den Mut zum Erfolg zeigen. Schließlich ist Erfolg nicht an das Geschlecht gebunden. Allerdings fällt es Frauen aufgrund der Erziehung schwerer, sich selbst diesen Wunsch einzugestehen und ihn mit allen verfügbaren Mitteln zu erkämpfen.

Die Frau, die Handlungstreffer in ihrer Berufsumwelt landen muß, muß gegen die gängigen Klischees und gegen ihre eigenen Blockaden ankämpfen. *Iris M.* weiß das aus eigener Erfahrung.

> Mit 43 Jahren ist sie Anzeigenleiterin in einem Verlag. Ihre Ehe scheiterte angesichts ihrer beruflichen Vorstellungen, denn der Ex-Ehemann konnte und wollte sich nicht mit einer Frau abfinden, für die beruflicher Erfolg mindestens genauso wichtig ist wie private Harmonie. Sie schildert ihren beruflichen Werdegang: „Nach der Schule absolvierte ich mehr oder weniger pflichtgemäß eine kaufmännische Lehre in einem Verlag für Fachzeitschriften. Interesse weckte bei mir die Tätigkeit in der Anzeigenabteilung, so besuchte ich anschließend eine Werbeakademie. Danach suchte ich mir in einer Agentur einen Job, um nach drei Jahren wieder zu einem Verlag zu wechseln. Meine beruflichen Erfolge konnten sich sehen lassen, ich avancierte zur stellvertretenden Abteilungsleiterin. Doch immer nur im zweiten Glied zu bleiben, war mir zuwenig. Als der Chef pensioniert wurde, zog die Geschäftsleitung mich für diese Stelle

noch nicht einmal in Betracht. Jetzt war mein Ehrgeiz gepackt, ich durchforstete die Stellenangebote, bekam meine Traumstelle und wurde Anzeigenleiterin. Darüber ist meine Ehe kaputtgegangen, die vielen Dienstreisen verkraftete mein Mann nicht. Auch heute noch – mehr hinter vorgehaltener Hand – höre ich von Mitarbeitern 'Das ist ja kein Wunder, daß der der Mann davongerannt ist'. Das schmerzt, aber ich kann es inzwischen wegstecken. Schließlich führe ich ein angenehmes Privatleben. Mein jetziger Bekannter hat überhaupt keine Schwierigkeiten mit meinem beruflichen Aufstieg. Vielleicht hängt das aber damit zusammen, daß er selbst Karriere gemacht hat." Und mit Bitterkeit in der Stimme erinnert sie sich an die Aussage des Personalchefs in ihrem letzten Einstellungsgespräch: „Wie gut, daß Sie keine Familie zu versorgen haben. Denn das macht die Frauen weniger flexibel als die Männer. Aber bei Ihnen ist das ja nicht der Fall."

Derartige Erkenntnisse in Bewerbungsgesprächen sind keine Seltenheit. Sie führen freilich dazu, daß Frauen schon von vorneherein häufig Vermeidungsverhalten zeigen und nicht auf die Erfolgs-Karte setzen wollen. Sie trauen sich nicht, weil sie nie gelernt haben, mit derartigen Einwänden fertig zu werden.

Um sich und ihr Können, die Einsatzbereitschaft und die Fähigkeit zum Vorwärtskommen im Beruf beweisen zu können, braucht die Frau ihre Startposition – wie der Mann eben auch. Schon hier müssen Sie sich ein dickes Fell zulegen, denn die in den Köpfen vorhandenen Klischees sind nämlich Legion. Das fängt an bei der zu hohen Sensibilität von Frauen, setzt sich fort über die mangelnde Konfliktbereitschaft und endet in der Feststellung: Der Beruf hat für Frauen doch keinen hohen Stellenwert. Das gibt es alles, bei Männern wie bei Frauen. Doch die Frauen, die auf Karriere setzen, wissen, was zu tun ist. Immer wieder müssen Sie freilich den Beweis dafür antreten, daß Sie selbst nicht diesen gängigen und falschen Vorstellungen entsprechen. Die Frauen, die zum beruflichen Hochsprung antreten, kennen die Erwartungen in der Arbeitswelt: Sie setzen sich und ihre Leistungen nicht herab, sie denken positiv, identifizieren einen Mißerfolg nicht sofort mit persönlicher Unfähigkeit und sie können mit dem Risiko leben. Berufsalltag für Berufsalltag beweisen sie Fähigkeit und fachliche Kompetenz. Sie besitzen einfach den Mut zum Erfolg.

3.1 Keine Angst vorm Risiko

Wer erfolgreich sein will, muß Risiken eingehen können. Das erste Risiko gehen Sie bereits ein, wenn Sie auf Dauer nicht mit einer Tätigkeit im Glied einverstanden sind, sondern auf sich aufmerksam machen; Ihren inneren Drive zeigen und mitmischen wollen in der Arbeitswelt – auf einer höheren Etage versteht sich. Noch ist es riskant, als Frau im beruflichen Umfeld großes Engagement zu zeigen. Sie selbst aber trauen sich anspruchsvollere Aufgaben zu. Sie werden es auch schaffen, schließlich wird keiner befördert, der nicht Können, Umsicht und Fähigkeiten bewiesen hat.

Natürlich ist eine neue Aufgabe immer mit Risiko behaftet. Sie müssen lernen, Sie müssen sich auf die neuen Mitarbeiter einstellen, und Sie müssen mit unbekannten Situationen fertig werden. Wenn Sie sich aber bewußt sind, welche Chancen einem Risiko innewohnen, werden Sie nicht automatisch vor dem Risiko zurückschrecken, wie es häufig üblich bei Frauen ist. Die beiden Wissenschaftlerinnen Margaret Hennig und Anne Jardim haben in ihren Untersuchungen festgestellt, daß zwischen Männern und Frauen ein typischer Unterschied in der Beurteilung von Risiken liegt: „Was ist ein Risiko? Der Unterschied in den Antworten ist frappierend. Für Männer bedeutet Risiko Verlust oder Gewinn; Siegen oder Verlieren, Gefahr oder Chance... Frauen beurteilen ein Risiko grundsätzlich *negativ*. Für sie heißt es Verlust, Gefahr, Verwundung, Ruin, Schmerz. Man geht ihm aus dem Weg so gut man kann. Und es gibt noch eine andere Dimension: Männer erkennen den Einfluß des Risikos auf die Zukunft; man riskiert sein Potential, riskiert künftigen Gewinn, riskiert Beförderung. Ein böser Fehler, und man kommt vielleicht keine Stufe höher, Frauen beziehen den Einfluß des Risikos auf das, was sie bisher erreicht haben. ... Wenn man das Risiko als Gefahr für das versteht, was man im Augenblick hat, achtet man nicht auf die künftige Gefahr; wenn man für die Gegenwart keine sieht, setzt man für die Zukunft keine voraus.“

Die Entwicklung eines positiven Risikobewußtseins ist demnach für Frauen, die mit Siebenmeilenstiefeln der eigenen Karriere entgegeneilen wollen, sehr wichtig. Allerdings bedeutet das nicht, unbedingt um jeden Preis auf das Risiko zu setzen. Sondern es heißt: Risiken abwägen zu lernen, um mit ihnen umgehen zu können.

Auf sehr unangenehme Art und Weise mußte sich beispielsweise *Barbara S.* mit dem Begriff Risiko vertraut machen. Zwanzig Jahre war sie alt, als sie ihre erste Stelle als technische Zeichnerin antrat. Fünf Jahre später war sie Gruppenleiterin von fünf Männern und einer Frau in ihrem Unternehmen. Als sie diese Aufgabe drei Jahre innehatte, bot man ihr im gleichen Unternehmen die Stelle der stellvertretenden Abteilungsleiterin an. Sie akzeptierte, bisher war es beruflich immer glatt voran gegangen, an eventuelle Schwierigkeiten dachte sie überhaupt nicht. Doch die traten massiv auf: Sie verstand sich plötzlich überhaupt nicht mehr mit ihrem Chef. Warum? Das ist ihr erst später klar geworden. Sie wollte allen beweisen, daß sie eigentlich der bessere Abteilungsleiter sei. Die Probleme häuften sich, nach zwei Jahren legte ihr das Unternehmen die Kündigung nahe. Sie war recht verzweifelt, begann aber gleichzeitig über die ganze Situation nachzudenken. Rückwirkend wurde ihr bewußt: Die an sie gestellten Anforderungen waren zum damaligen Zeitpunkt einfach zu hoch. Nachdem sie das erkannt hatte, suchte sie sich eine neue Stelle und setzte auf Nummer Sicher: Sie wurde in einem kleinen Baubetrieb Chefin von vier Mitarbeitern. Das ist sie bis heute, Probleme sind keine mehr aufgetreten. Barbara dazu: „Ich weiß mittlerweile, daß meine Stärke in der Leitung einer kleinen Gruppe liegt, bei einer großen Gruppe verliere ich zu leicht die Übersicht. Meine mangelnde Delegationsfähigkeit macht mir da zu schaffen. Doch damals bin ich mit geschlossenen Augen in das berufliche Risiko hineingerannt, weil ich mir vorher überhaupt keine Gedanken darüber gemacht hatte."

Risiken müssen umsichtig abgewogen werden. Wer vor einer Beförderung steht oder einen Unternehmenswechsel mit Sprung auf die nächste Ebene plant, der muß rechtzeitig überlegen, was alles auf ihn zukommen könnte. Und ein Plan sollte aufgestellt werden mit Alternativen, was zu tun ist, wenn etwas schiefgeht. Auch ein kleiner Umweg hat noch keiner Karriere geschadet. Nur muß einer Fehlentwicklung möglichst frühzeitig gegengesteuert werden. Mit dem richtigen Risiko-Bewußtsein ist das eine Aufgabe, die recht leicht zu lösen ist.

Sie schätzen Risiken realistisch ein. Rechnen Sie trotzdem damit, daß auch Ihnen Fehler unterlaufen können. Keiner ist perfekt, auch Sie nicht! Jeder macht Fehler! Nur verfallen Sie jetzt nicht der häufig anzutreffenden weiblichen Schwäche, nur sich selbst die Schuld zuzuschreiben. Analysieren Sie die Umstände, finden Sie heraus, was den Fehler verursacht hat, geraten Sie aber nicht in Selbstzweifel, sonst sind die nächsten unnötigen Fehler programmiert. Hinfallen kann schließlich jeder einmal, nur liegenbleiben darf man dann nicht!

Ein Fehler beendet schließlich noch keine Karriere. Versuchen Sie nicht, ihn zu vertuschen. Reden Sie offen mit Ihren Mitarbeitern über das aufgetretene Problem, erarbeiten Sie gemeinsam eine Gegenstrategie. Ihre Mitarbeiter werden Sie um so mehr achten, wenn Sie eine Fehlentscheidung zugeben, sich gleichzeitig aber so selbstbewußt geben, daß der Fehler wieder ausgeräumt werden kann. Vermeiden Sie Selbstanklagen. Das stört nur einen klaren Gedankengang, der jetzt notwendig ist. Beseitigen Sie mit allen Betroffenen den Fehler. Lernen Sie daraus, danach vergessen Sie am besten diesen Vorfall. Sonst werden Sie unfähig, in der Zukunft Entscheidungen zu treffen.

Zum Erfolg gehört das kalkulierte Risiko unabdingbar dazu. Sie müssen in der Lage sein, Wagnisse einzugehen und aufzufallen, sonst werden Ihre Vorgesetzten nicht auf Sie aufmerksam. Die stille Grüblerin im Hintergrund mit den besten Ideen im Kopf macht keine Karriere. Nur die Frau wird beruflichen Aufwind bekommen, die für Ihre Überzeugungen eintreten und sie mit guten Argumenten verkaufen kann. Wohldosierte Frechheit im richtigen Moment an der richtigen Stelle hat schon manche Karriere eingeleitet.

So einen Fall demonstriert *Carolin M.*, 42 Jahre alt, verheiratet, ein Kind, Geschäftsführerin einer Drogerie mit zehn Angestellten. „Vor fünfzehn Jahren startete ich in diesem Haus als Verkäuferin. Schnell fiel mir auf, wie vermufft der ganze Laden war. Ringsherum eröffneten Drogerieketten ihre prächtigen Filialen, doch zu uns kamen immer weniger Kunden. Eines Tages war der Besitzer da, Bestandsaufnahme sollte gemacht werden. Ich riskierte es, überging den damaligen Geschäftsführer, bei dem ich immer nur auf taube Ohren mit meinen Änderungsvorschlägen gestoßen war, und bat um ein Gespräch. Interessiert hörte mir der Boss zu. Meine Vorschläge wurden dann später ausführlich diskutiert, das meiste davon wurde realisiert, kurz darauf wurde ich stellvertretende Geschäftsführerin und konnte wesentlich mehr Entscheidungen treffen. Als der Geschäftsführer dann in Pension ging, war es allen klar, daß ich diese Stelle übernehmen würde. Ich erhielt sie auch. Heute ist unser Geschäft rundum gesund, wir halten uns gegen die Großen, weil wir andere Segmente besetzen."

Der Mut, einmal über den eigenen Schatten zu springen, hat Carolin M. letztlich auf den Erfolgskurs gebracht.

3.2 Die Angst und ihre Konsequenzen

Jeder Mensch hat seine Ängste. Das ist keine Schande, sondern Normalität. Ist der Startschuß in Richtung beruflicher Aufstieg erst einmal gefallen, können weder Männer noch Frauen der Zielgeraden völlig angstfrei entgegenlaufen. Ein Normalmaß an Angst verhindert das Eingehen zu großer Risiken, schützt vor extremen Mißgriffen und Fehltritten. Kritisch wird es, wenn die Angst fortan das Handeln bestimmt und letztlich zur Blockade führt. Für Frauen ist der Aufbruch in die Führungsetagen Neuland. Nicht zuletzt deshalb stehen sie vor der Gefahr, sich mit größeren und stärkeren Ängsten auseinandersetzen zu müssen als das männliche Geschlecht.

Diese Angst äußert sich beispielsweise in Unsicherheit und Vermeidungsverhalten. Das Bloßstellen eigener Schwächen und Unzulänglichkeiten wird gefürchtet. Das Resultat davon ist ein Berg von Hemmschwellen, der sich in der betroffenen Person aufbaut. Angst ist ein emotionaler Zustand, der den

Betroffenen lähmt, für den es keine rationale Erklärung geben muß. Sie können erst dann ihre Erfahrungen erweitern, sich selbst verwirklichen und entfalten, wenn Sie relativ frei von Angst leben. Die Angst behindert Sie, sich selbst als Person zu erkennen und akzeptieren. Nur wenn Sie bereit sind, sich als eigenständiges Individuum mit eigenen Gedanken, Verhaltensweisen, Gefühlen und Körperreaktionen wahrzunehmen, können Sie sich weiterentwickeln. Voraussetzung dafür ist: Sie dürfen Ihre Angst nicht verdrängen. Haben Sie Ihre beruflichen Ängste erkannt, können Sie sie erfolgreich eindämmen.

Mittlerweile ist *Kirsten Z.* mit ihren ganz persönlichen Ängsten vertraut, kann mit ihnen gut leben. Doch bis es soweit war, schlingerte ihr Berufsboot durch höchst unruhiges Fahrwasser. Die heute 40 Jahre alte Frau, verheiratet, ein Kind, entschied sich nach ihrem Abitur für eine kaufmännische Berufsausbildung. Nachdem sie ihren Kaufmannsgehilfenbrief in der Tasche hatte, offerierte der Arbeitgeber ihr eine Stelle in der Buchhaltungsabteilung. Da Kirsten gerne mit Zahlen hantiert, akzeptierte sie. In den ersten Monaten war sie unsicher. Das führte sie auf das Unvertrautsein mit dieser Tätigkeit zurück. Mehr und mehr kristallisierte sich heraus, daß sie anfallende Buchungen in der normalen Arbeitszeit nie komplett ausführen konnte. Was war der Grund? Aus Angst, Fehler zu machen, war sie kaum in der Lage, eine Arbeit abzuschließen. Wieder und wieder holte sie sich die Buchungen hervor, um sie erneut auf Richtigkeit zu überprüfen.

Fragen ihres Chefs konnte sie nur mit schweißnassen Händen und mit Herzklopfen beantworten. Ständig lebte sie in der Furcht, ihre Arbeitsunfähigkeit könnte entdeckt werden. Sie ging dem Problem aus dem Weg, wurde schwanger, und betreute ihre Tochter drei Jahre lang. Dann hielt es Kirsten zu Hause nicht mehr aus. Nur Kind und Haushalt füllten sie nicht aus. Sie suchte sich eine neue Stelle als Buchhalterin. Die altbekannten Symptome machten ihr wieder zu schaffen. Doch faßte sie sich ein Herz und unterhielt sich erstmals über ihre Probleme mit dem Ehemann und einer Freundin. Langsam, aber sicher wurde ihr klar, daß sie keineswegs leistungsunfähig war, sondern lediglich Angst hatte, Fehler zu machen. Dieser Erkenntnisprozeß dauerte rund zwei Jahre. Dann packte sie die Gelegenheit beim Schopfe. Erstmals sprach sie mit ihrem Chef über ihre Ängste. „Dieser lachte fast, als ich mit meinen Problemen zu ihm kam. Jedoch zeigte er Verständnis für die Situation. Er empfahl mir sogar, ich solle in einem Abendkursus meine Bilanzbuchhalter-Prüfung ablegen. Mit dem Ziel, meine Selbstsicherheit zu steigern. Selten habe er nämlich eine so fähige Mitarbeiterin wie mich gehabt", erzählt Kirsten. Voller Unbehagen dachte sie über diesen

Vorschlag nach. Als ihr auch im Bekanntenkreis gut zugeredet wurde, meldete sie sich tatsächlich an. Sie bestand die Prüfung mit guten Ergebnissen. Heute leitet sie die gesamte Abteilung. Der Chef, der ihr damals auf die Sprünge geholfen hatte, wechselte das Unternehmen. Quasi als letzte Amtshandlung hatte er sie zu seiner Nachfolgerin vorgeschlagen. Noch immer ist Kirsten Z. ihre Ängste nicht völlig los. Steht der Jahresabschluß vor der Tür, verbringt sie halbe Nächte in ihrem Unternehmen, damit keine Fehler gemacht werden. Aber sie weiß inzwischen, sie kann gute Leistung bringen, die anderen akzeptieren sie, so wie sie ist. Und mit ihren Mitarbeitern hat sie keinerlei Schwierigkeiten.

Kirsten Z. ist ein Beispiel für die Möglichkeit, die eigenen Ängste zu überwinden, wenn sie erst einmal als Ängste erkannt worden sind.

Speziell der Führungskräftenachwuchs und das Management stehen ständig im Mittelpunkt des Interesses. Sowohl von den unteren als auch von den oberen Ebenen werden sie immer auf Leistung überprüft und bewertet. Das kann schnell zu einer ganzen Reihe von Ängsten führen, wenn die eigene Persönlichkeit nicht schon entsprechend gefestigt ist.

Unabhängig vom Geschlecht machen Psychologen bei Managern oder bei Führungskräften in spe folgende speziellen Ängste aus:
- Statusängste,
- Versagensängste,
- Angst vor Mitarbeitern.

Betroffen von den *Statusängsten* ist besonders das Middle Management. Das Selbstwertgefühl wird vorwiegend aus dem einmal erreichten Status gespeist. Je mehr nun die eigenen Mitarbeiter ähnliche Statussymbole – höheres Einkommen, eigenes Zimmer – erhalten, um so mehr verwischt der aufgebaute Unterschied. Helmut Hofstetter identifiziert sogar eine Statuspanik: „Man ist voller Angst, zu scheitern, auf ein Nebengleis abgeschoben zu werden, Status, Wertschätzung und Macht zu verlieren, fremdbestimmt zu werden oder bisherige Gruppenbindungen aufgeben zu müssen. Statusangst hat seine Quelle nicht nur oben in den Machteliten: je näher die unteren Ränge rücken ..., desto stärker wird der Zwang, Status zu betonen, indem man kleinste Unterschiede überbewertet...“. *Versagensängste* sind eindeutig auf das Scheitern in einer bestimmten Position ausgerichtet. Personen, die davon betroffen sind, neigen insbesondere dazu, Entscheidungen auf die „lange Bank“ zu schieben und für sich selbst Unfehlbarkeit anzumelden, so der Wissenschaftler Hofstetter.

Die *Angst vor den Mitarbeitern* resultiert aus der Abhängigkeit von ihnen. Jeder Führer kann nur so gut sein, wie die Gruppe gute Leistungen bietet. Im

Extremfall kann ein Team den eigenen Chef, die eigene Chefin auflaufen lassen, wenn deren Ängste so stark sind, daß die Mitarbeiter das merken.

Frauen, die sich als Macherin im Job ihre Sporen verdienen wollen, sind zudem geschlechtsspezifischen Ängsten ausgesetzt:
- der Angst, die Weiblichkeit zu verlieren und
- der Angst vor Männern im privaten Umfeld.

Frauen sollen sich der männlichen Berufswelt anpassen. Lehnen sie das ab, bietet sich ihnen kaum die Gelegenheit, ihre Fähigkeiten und ihr Können in verantwortlicher Position zu demonstrieren: Sie werden nie das Angebot einer leitenden Funktion erhalten. Sie wollen aber eine Aufgabe mit Führungsverantwortung. Jetzt können sich Ängste aufbauen, weil Sie selbst wissen: Ich entspreche nicht dem typischen Frauenbild.

Dazu gesellt sich im *Privatleben* die Angst, keinen Partner zu finden.

Die Medizinerin *Hildegard F.*, 51 Jahre alt, unverheiratet, ist ein Paradebeispiel dafür. Zielstrebig studierte sie und schloß danach die Facharztausbildung zur Chirurgin an. Heute leitet sie in einem großen Krankenhaus die chirurgische Abteilung, leidet jedoch gleichzeitig unter ihrer privaten Einsamkeit. „Jeden Mann, den ich gerne mochte, brüskierte ich innerhalb kürzester Bekanntschaftszeit. Ich wußte genau, daß ich nicht bereit bin, meinen beruflichen Einsatz für einen Partner zu reduzieren. Ich sehe meine Lebenserfüllung bevorzugt im Beruf, nicht im Privaten. Immer hatte ich Angst, keinen Mann kennenzulernen, der diese Einstellung rundum akzeptiert. Und diese Angst hat sich bewahrheitet", berichtet sie. Im Lauf der Jahre hat sie sich jetzt einen großen Bekanntenkreis aufgebaut, aber dennoch vermißt sie den Partner.

Viele Ängste sind überwindbar. Wenn Sie bereit sind, Ihre persönlichen Ängste zu erkennen, können Sie ganz persönliche Gegenstrategien entwickeln. Leiden Sie unter Ängsten, dürfen Sie sich davon nicht zur Handlungsunfähigkeit verurteilen lassen. Sonst erreichen Sie das angepeilte Ziel erst gar nicht. Angst wirkt sich in den Anfangsstadien so auf Handlungen und Leistungen auf, daß der Mensch mit Vermeidungsstrategien reagiert. Sie können selbst feststellen, ob Sie zu dieser Vermeidungshaltung neigen.

Die typischen Vermeidungstechniken sind:
- Nichtstun und abwarten;
- auf Nummer Sicher gehen, also nie eine unpopuläre Entscheidung wagen, obwohl man selbst davon überzeugt ist;

- begrenztes Engagement zeigen, man gibt sich zwar Mühe, ist aber nie mit der vollen Leistungsbereitschaft bei einer Aufgabe dabei;
- nichts zu Ende bringen: Ein Projekt wird angeleiert, und kurz bevor es realisiert wird, stiehlt man sich aus der Verantwortung, wird krank und ein anderer muß das Projekt zu Ende führen oder sucht sich gar einen neuen Arbeitgeber, um nicht mit den Auswirkungen der eigenen Initiativen konfrontiert werden zu müssen.

Dieses Vermeidungsverhalten blockiert die eigene Leistungsfähigkeit. Stellen Sie ähnliche Abläufe bei sich fest, wird es Zeit, daß Sie sich mit *Gegenstrategien* beschäftigen. Sie stehen in diesem Fall vor der Aufgabe, Überlebensstrategien entwickeln zu müssen. Wollen Sie das nicht, können Sie für sich selbst jegliche Karriere-Ambitionen vergessen.

Überlebensstrategie für Statusängste und Angst vor Mitarbeitern

Niemand sägt an Ihrem Stuhl. Sie haben trotzdem Angst, weil Sie das Erreichen Ihrer Position mehr mit Glück und Zufall verknüpfen als mit der eigenen Leistung. Das ist falsch. Vergegenwärtigen Sie sich, daß kein Arbeitnehmer befördert wird, der nicht sein Können bereits unter Beweis gestellt hat. Niemand, am allerwenigsten Ihre Vorgesetzten haben Interesse daran, Sie aufs Glatteis zu führen, um Sie wieder ins Glied zurückzubefördern. Die Personen, die Sie auf die Karriere-Leiter gehievt haben, wollen Ihren Erfolg, weil sie daran genauso beteiligt sind wie Sie selbst. Neider in Ihrer Abteilung haben Sie gewiß. Aber: Sie sind die Bessere, den Nachweis dafür haben Sie schon längst erbracht. Machen Sie sich lieber vertraut mit Ihrer neuen Aufgabe, und übernehmen Sie sich nicht. Setzen Sie sich kleine, realisierbare Ziele. Schnell werden Sie feststellen, daß Sie das Know-how und das Können dafür mitbringen. Wenn Sie das Sagen haben, werden Ihre Mitarbeiter auch bald mitziehen, ohne zu meutern. Weisen Sie die Mitarbeiter in ihre Schranken, wenn es nötig ist, aber fördern Sie die, die es verdienen. Lassen Sie Fairneß in Ihrem Arbeitsgebiet walten, werden Ihre Leute gewiß loyal zu Ihnen stehen.

Überlebensstrategien fürs Versagen

Ihre Versagensangst ist unbegründet. Bisher haben Sie Ihren Berufsweg erfolgreich absolviert. Es gibt keinen Grund, in Panik auszubrechen, für die Zukunft nur Fehlverhalten zu befürchten. Überlegen Sie sich, in welchen Situationen die Angst vorm Versagen besonders groß wird. Machen Sie sich klar, daß kein Mensch unfehlbar ist, daß auch Versagen zu einer außergewöhnlichen Laufbahn dazugehört. Das Versagen ist lediglich ein Rückschlag, der zeitlich begrenzt ist. Sie können aber daraus für die Zukunft lernen. Eine berufliche Panne stempelt Sie noch längst nicht zur Versagerin! Beseitigen Sie das Mißgeschick. Lassen Sie

sich aber nicht von der Angst vereinnahmen. Denken Sie an Ihre beruflichen Erfolge, und würdigen Sie Ihre eigenen Leistungen. Die Angst vorm Versagen wird bald in Vergessenheit geraten.

Überlebensstrategie in Sachen Weiblichkeit

Unabhängig von Ihren beruflichen Interessen und Forderungen sind Sie rein biologisch betrachtet eine Frau. Das ändert sich nicht, selbst wenn Sie eines Tages den Ruf in den Vorstand erhalten sollen. Machen Sie sich frei von der Vorstellung, eine Frau sei nur dann eine Frau, wenn sie in der Mutteraufgabe ihre Erfüllung sieht. Frausein ist viel mehr. Die Rolle der Mutter kann darin eingeschlossen sein. Kann, aber muß nicht. Frausein heißt zuallererst Mensch sein. Und der Mensch allein definiert sich durch seine Persönlichkeit, durch seine ureigensten Wünsche und Bedürfnisse. Gehören weder Ehemann noch Kinder zu Ihrem Lebenskonzept, dann lassen Sie sich von anderen Personen nicht beirren. Sie gestalten Ihr Leben selbst, so wie es zu Ihnen paßt. Stehen Sie dazu. Eine Frau ist und bleibt eine Frau, ob sie nun Managerin ist oder Hausfrau.

Ihre Lebensorientierung besteht aus Leistung, die sich zusammensetzt aus Ihrem eigenen Wertesystem, der Nutzung Ihrer Leistungsfähigkeit und Ihrer positiven Reaktion auf Herausforderungen. Nur so haben Sie überhaupt die ersten beruflichen Schritte hinter sich gebracht. Unabhängig von Ihrem Geschlecht. Verstecken Sie Ihre Weiblichkeit nicht ausschließlich hinter gestreiften Hosenanzügen und unter einem männlichen Haarschnitt. Verfallen Sie aber auch nicht in den Fehler, unbedingt mit Stilettos Ihr Frausein betonen zu müssen. Sie sind eine berufstätige Frau, kein Weibchen.

4 Der Weg zum Erfolg

Sie haben sich zum Ziel gesetzt, mit beruflichen Erfolgen glänzen zu wollen. So weit, so gut. Ihr eigener Wille ist die wichtigste Voraussetzung überhaupt, um dieses Ziel erreichen zu können. Er alleine genügt aber nicht, um Sie tatsächlich auf den Erfolgskurs zu bringen und ihn einhalten zu können.

Vor Ihnen liegt ein langes Berufsleben, dem Sie mehr Lebenszeit widmen als Ihrem privaten Bereich. Deshalb müssen Sie sich schon möglichst frühzeitig Gedanken über den Verlauf Ihres gewünschten Berufslebens machen. Dachten Sie als ganz junge Frau nicht daran, den Beruf fest in ihre Lebensplanung einzubeziehen? Merken Sie erst in den Dreißigern, wie wichtig Ihnen Ihr Arbeitsplatz ist? Dann heißt es spätestens jetzt, eine Strategie für die weitere Laufbahn zu entwickeln.

4.1 Der rote Faden für das Berufsleben

Arbeit ist eine Selbstverständlichkeit im menschlichen Leben. Menschen arbeiten, um ihre Grundbedürfnisse zu sichern, um leben und überleben zu können: Sie wollen essen und trinken, sich kleiden und ein Dach über dem Kopf haben.

Arbeit definiert den Menschen als Persönlichkeit. Sollen Sie einem Fremden etwas von sich berichten, erzählen Sie wahrscheinlich von Ihrem Arbeitsplatz und Ihren beruflichen Aufgaben. „Ich bin Goldschmiedemeisterin, und am liebsten entwerfe ich den Schmuck selbst, den ich herstelle“, werden Sie antworten. Kaum werden Sie von Ihren Gefühlen sprechen, die Sie empfinden, wenn Sie in einer schneebedeckten Winterlandschaft spazierengehen oder von Ihren Gefühlen an warmen Sommerabenden. Ihre Arbeit hilft Ihnen, einem Fremden ein Bild von sich zu geben, nach dem Motto „Ich bin, was ich tue“.

Ihre berufliche Tätigkeit ist für Sie ein Selbstverständnis: Sie beziehen Ihr Selbstwertgefühl aus dem Beruf.

Arbeit hat viele Dimensionen. Stellen Sie sich eine Pyramide vor, in der die beruflichen Bedürfnisse aufgelistet sind. Sie erhalten eine Berufs-Bedürfnispyramide. Sie gilt freilich nur für Frauen und Männer, die sich das Ziel Karriere ins Stammbuch schreiben.

Berufs-Bedürfnispyramide

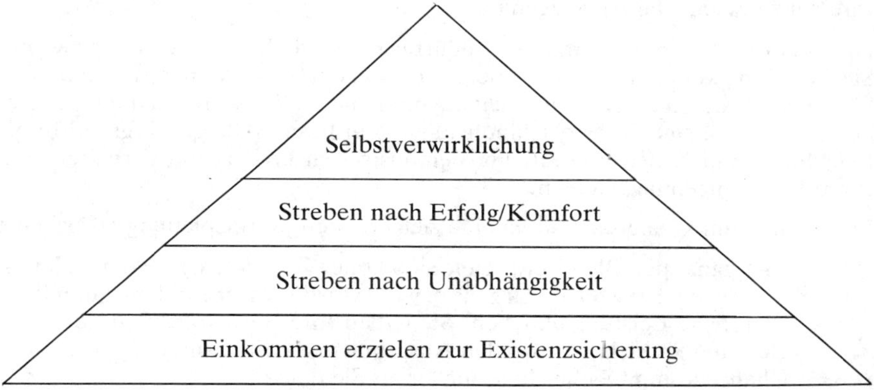

Arbeit ist lediglich auf der untersten Ebene der Pyramide ein Muß. Alle Arbeit, die darüber hinaus geleistet wird, dient dem Stillen der übergeordneten Bedürfnisse und ist rein freiwillig.

Sie haben Ihre Entscheidung bereits getroffen: Sie wollen beruflich weiterkommen, weil Sie den Sinn der Arbeit nicht nur im Geldverdienen sehen. Ihre Arbeit macht Sie unabhängig. Sie verfügen über ein eigenes Gehalt, Sie suchen keinen Ehemann als Versorger, sondern einen Partner.

Die prinzipielle Unabhängigkeit, die Ihnen die Arbeit verschafft, liefert Ihnen noch nicht genügend Freiheit. Sie wollen *weitergehende Freiräume* besitzen. Das beginnt bereits am Arbeitsplatz. Sie haben keine Lust, nur nach Handlungsanweisungen vorzugehen. Sie wollen selbst Instruktionen geben, Projekte planen und Entscheidungen treffen. Eine Sachbearbeiterin in einer Marketingabteilung kann Aufgaben nur nach Vorlage erfüllen; als Chefin einer Marketingabteilung entwickeln Sie die Konzepte für Ihr Unternehmen, sind Sie mitverantwortlich für den Erfolg. Sie wollen etwas bewegen und im beruflichen Bereich Zeichen setzen. Sie sind sich darüber im klaren, daß Sie um so erfolgreicher handeln können, je besser Ihr Beruf zu Ihrer Persönlichkeit paßt.

Eine Karriere verhilft Ihnen außerdem zu einem höheren *Einkommen.* Ein angenehmer Nebeneffekt: Sie können sich mit komfortablen Dingen umgeben. Verdienen Sie sehr viel, können Sie sogar im Luxus schwelgen. Haben Sie Lust, im Urlaub Mexiko kennenzulernen? Kein Problem. Das können Sie genauso tun, wie Sie einen Teil Ihres monatlichen Geldes auf die hohe Kante legen können, um eines Tages Eigentümerin eines Hauses zu sein. Sie können Ihr Geld auch in Wertpapieren anlegen, in Antiquitäten oder einfach verleben. Das ist Ihre ganz persönliche Angelegenheit.

Die höchste Stufe der beruflichen Bedürfnispyramide haben Sie erlangt, wenn Sie Ihre Fähigkeiten an Ihrem Arbeitsplatz voll entfalten können. Dann haben Sie keine Probleme mit *Selbstachtung* und mit *Selbstverwirklichung*. Diese beiden Begriffe sind Selbstverständlichkeiten in Ihrem Alltag: Aufgrund Ihrer Leistungen sind Sie selbstbewußt und demonstrieren das in Ihrem Verhalten und Ihren Handlungen nach außen.

Dieses Stadium können Sie durch eine zielgerichtete Berufsplanung erreichen.

> Ihre ganz speziellen Berufsziele sind höher gesteckt, als die der anderen Menschen. Sie wollen sich ganz bewußt von den Mitmenschen durch Ihre berufliche Leistung abheben. Sie haben Ihre Berufs-Zukunft vor sich. Bereiten Sie sich jetzt auf den Absprung in die Führungsetage vor. Ihre Chance kommt vielleicht schneller als Sie denken.

4.2 Die Ausbildung

Je höher und besser qualifiziert Sie sind, um so günstiger ist Ihre Ausgangsposition für eine Karriere. Stehen Sie noch in der Phase der Ausbildung, sollten Sie sich diesen Punkt immer wieder vergegenwärtigen und nicht aus einer momentanen Laune heraus einen Schulbesuch frühzeitig beenden. Schon seit einigen Jahren besetzt die Wirtschaft die gesuchtesten Ausbildungsplätze – beispielsweise bei Banken oder Versicherungen – überwiegend mit Absolventinnen und Absolventen von Realschulen oder Gymnasien. Hauptschülern wird im kaufmännischen Bereich kaum noch eine Möglichkeit für eine hochqualifizierte Berufsausbildung geboten.

Das bundesdeutsche Schulsystem ist aber sehr durchlässig, verträgt durchaus eine Fehlentscheidung. Einer jungen Frau mit Hauptschulabschluß und einer beruflichen Ausbildung sind weitergehende schulische Abschlüsse keineswegs verwehrt. An Abendschulen kann das notwendige Wissen sowohl für den Realschulabschluß als auch für das Abitur nachgeholt werden. Ebenso besteht die Möglichkeit, nach entsprechenden Vorbereitungskursen eine externe Prüfung abzulegen. Keine Frau muß also verzweifeln, die während ihrer Schulzeit noch nicht die richtige Antenne für ihr späteres Berufsleben und die jeweiligen Anforderungen hatte. Es ist selten zu spät, um sich höher zu qualifizieren.

Frauen, die sich nach der Beendigung ihrer Schulzeit für eine berufliche Ausbildung entscheiden, haben trotz Jugendarbeitslosigkeit immer noch die Qual der Wahl. Prinzipiell gilt: Berufe im technischen Bereich und in der Datenverarbeitung besitzen gerade für das weibliche Geschlecht bessere Zukunfts- und Aufstiegschancen. Über die Vielfalt der Möglichkeiten informieren die Berufsinformationszentren der Arbeitsämter (Adressen siehe Anhang). Nach Beendigung der Ausbildungszeit können zudem – abhängig vom vorher erreichten Bildungsabschluß – Fachschulen, Fachhochschulen oder Universitäten besucht werden. Die Auswahl ist groß, auch hier helfen die Arbeitsämter mit Informationen gerne weiter.

Die Entscheidung für eine akademische Ausbildung ist nie falsch. Im Gegenteil: Durch die wachsende Zahl der Universitätsabsolventen werden Führungspositionen bereits jetzt zunehmend mit Akademikern besetzt. Allerdings sollten Sie als karriereorientierte Frau den Mut besitzen, sich nicht gerade für ein *frauentypisches Studium* wie Germanistik, Literaturwissenschaften oder Psychologie an der Universität einzuschreiben. In diesen Bereichen sind nicht nur die Arbeitsplätze spärlich gesät, auch die Karriere-Chancen sind gleich Null. Trauen Sie sich ruhig ein Studium der Ingenieurwissenschaft, der Naturwissenschaft oder der Wirtschaftswissenschaft zu. Ihre intellektuellen Fähigkeiten reichen dazu genauso aus wie die der Männer. Und Ihre Hoffnung auf eine tolle Karriere kann dann sogar Realität werden.

> Ein akademischer Titel ist kein Freibrief für einen erfolgreichen Berufsweg. Ein Studium erleichtert jedoch auf alle Fälle den Einstieg in die Gruppe des Führungsnachwuchses.

Besitzen Sie dazu noch die finanziellen Möglichkeiten, eine Business-School zu absolvieren, sind die Karriere-Voraussetzungen in der Wirtschaft sehr gut. Ist Ihr Interesse an theoretischer Arbeit groß, dann erwerben Sie ruhig einen Doktorhut. Lassen Sie sich nicht von Unkenrufen davon abhalten. Eine Promotion ist in vielen Branchen sogar Voraussetzung für einen Aufstieg über das Middle-Management hinaus, beispielsweise in Chemieunternehmen, in Versicherungen oder in Banken.

Unabhängig von der schulischen, beruflichen oder universitären Ausbildung, sollten Frauen auch endlich einmal *Auslandserfahrung* sammeln. Breitgefächert sind die Möglichkeiten der ausländischen Berufspraktika. Informationen darüber können Sie ebenfalls von den Arbeitsämtern oder auch von den einzelnen Berufsverbänden erhalten. Die erfolgreichen Männer machen das den Frauen schon längst vor. Und: Es gibt gewiß keinen Arbeitgeber, der einen beruflichen Auslandsaufenthalt nicht finanziell und positionsmäßig honoriert.

4.3 Die Berufswahl

Nach Abschluß der Ausbildung – ob Schule plus Berufsausbildung oder Fachhochschule und/oder Universität – suchen Sie Ihre erste Stelle. Agieren Sie generalstabsmäßig, jetzt stellen Sie wichtige Weichen für Ihre Zukunft auf dem Arbeitsmarkt. Fast alle unterschiedlichen Ausbildungsgänge bieten Ihnen eine große Vielfalt von beruflichen Möglichkeiten.

Die ersten Entscheidungen, die Sie zu treffen haben, heißen: Was möchte ich gerne machen? Bevorzuge ich ein Großunternehmen oder ein mittelständisches Unternehmen? Welcher Branche gebe ich den Vorrang?

Eine Fremdsprachensekretärin sollte sich überlegen, ob sie ihre Kenntnisse überwiegend am Schreibtisch anwenden möchte, oder gerne im Kontakt mit ausländischen Besuchern. Entsprechend bieten sich dann die *Auslandsabteilungen* der Unternehmen oder etwa Messegesellschaften als Arbeitgeber an. Eine Hotelfachfrau muß darüber nachdenken, welche Arbeitsbereiche ihr während der Ausbildung am meisten zugesagt haben. Arbeite ich lieber an der Rezeption oder hinter den Kulissen, etwa als Hausdame?

Prinzipiell können Sie davon ausgehen, daß der Start in einem *Großunternehmen* leichter ist. Die interne Ausbildung hat meist einen höheren Stellenwert, der eventuell spätere Wechsel zu einem mittelständischen Unternehmen fällt nicht schwer.

Erfolgt der Berufseinstieg in der mittelständischen Industrie, werden Sie es nach ein paar Jahren nur schwer schaffen, noch einen Arbeitsplatz bei einem Großunternehmen zu bekommen, in dem die Spezialisierung am Arbeitsplatz viel stärker ausgeprägt ist, als bei kleineren Unternehmen. Außerdem ziehen sich Großunternehmen ihre Führungskräfte gerne selbst heran.

Mittelständische Unternehmen locken Berufsanfänger häufig mit höheren Anfangsgehältern und einem größeren Verantwortungsbereich. Nach einigen Jahren beruflicher Erfahrung ist aber das Gehaltsniveau bei den Multis eher besser.

Genauso wichtig ist die *Branche.* Der Industriezweig, in dem Sie künftig tätig sein wollen, sollte schließlich zu Ihnen und Ihren Interessen passen. Besitzen Sie beispielsweise generelle Vorbehalte gegen die Mineralölwirtschaft, dann bewerben Sie sich nicht in diesem Bereich. Wer Karriere machen will, muß hinter den Produkten seines Unternehmens stehen können. Je größer die Übereinstimmung zwischen Ihnen, Ihrem Arbeitsplatz und Ihrem Aufgabengebiet ist, um so größer ist Ihre eigene Zufriedenheit, Ihre Bereitschaft zur Leistung.

Können Sie bedingt durch Ihre Ausbildung, beispielsweise als Kauffrau im Einzelhandel oder als Versicherungskauffrau, die Branche nach der Lehrzeit nicht mehr frei wählen, stehen Ihnen dennoch genügend Wahlmöglichkeiten offen. Der jungen Fachkraft im Einzelhandel bleibt es selbst überlassen, ob sie jetzt die Entscheidung für ein Spezialgeschäft oder einen Vollsortimenter trifft. Auch die Versicherungskauffrau kann wählen zwischen einem All-Sparten-Versicherer oder einer Spezialversicherung, einem großen oder einem kleineren Unternehmen.

Wägen Sie vor der Unterschrift unter Ihrem Arbeitsvertrag sorgfältig ab, welche zukünftigen Chancen sich für Sie bei diesem Arbeitgeber bieten. Von den besten Möglichkeiten sollten Sie als karrierebewußte Frau Gebrauch machen.

5 Karriere und Familie

Die erfolgreich Berufstätige beneidet an besonderen Streßtagen vielleicht die angestellte Frau, die pünktlich nach acht Stunden Arbeit ihren Schreibtisch ordnet und sich dem privaten Lebensbereich zuwendet. Sie neidet vielleicht auch der Hausfrau den großen persönlichen Freiraum an Zeit, über den diese verfügt. Oder sie wirft einen neidischen Blick auf all die Karriere-Männer, die nach getaner Arbeit bei Ehefrau und Kind ihre Seele baumeln lassen können. Abschalten können vom Alltag, ohne sich am Abend mit häuslicher Tätigkeit belasten zu müssen – das ist ein unausgesprochener, aber häufig ersehnter Wunsch der Erfolgreichen. Überarbeitet und müde verläßt sie nach einem Zehn-Stunden-Tag ihr Unternehmen, um sich auf dem Nachhause-Weg gedanklich gleich mit den häuslichen Anforderungen zu beschäftigen, die sie bald erwarten. Die Verschnaufpause daheim entfällt: Ehemann und Kind(er) wollen zu ihrem Recht kommen. Die Frau traut sich nicht, ihre nötige Abschaltzeit zwischen Beruf und Familie zu beanspruchen. Sie will schließlich ihre traditionelle Rolle als Hausfrau erfüllen.

Karriere und Familie miteinander zu vereinbaren, fällt Frauen deshalb wesentlich schwerer als Männern. Frauen können eben nicht auf den bequemen Karriere-Helfer „Ehefrau" zurückgreifen. Der Ehemann muß schon diesen Part übernehmen, soll die Karriere einer Ehefrau nicht bereits in den hoffnungsvollen Anfängen steckenbleiben.

5.1 Die Familie als Karriere-Helfer

Karriere und Familie schließen sich keineswegs aus. Im Gegenteil: Ein harmonisches Privatleben ist ein notwendiges Gegengewicht zu einem aufreibenden Berufsleben.

Jede Frau, die Berufserfolg und Familienleben miteinander verbinden will, benötigt den Rückhalt der eigenen Familie. Sie muß die eigene Familie zu ihrem Helfer in Sachen Arbeitsleben heranziehen.

Der erste notwendige Schritt dazu ist die *Wahl des richtigen Partners:* Ein Mann, der vorwiegend eine Mutter für seinen Nachwuchs sucht, der jeden Abend zur gleichen Zeit eine frisch gekochte Mahlzeit von einer ausgeruhten, gut gelaunten Gattin erwartet, ist mit Sicherheit der falsche. Die karrierebewußte Frau muß sich einen Partner suchen, darf sich nicht mit einem Patriarchen in Zweisamkeit verbinden.

Glücklicherweise stirbt diese Gattung Mann mehr und mehr aus. Eine zunehmend größere Zahl von Männern erkennt die Vorteile der selbständigen Frau. Diese Frauen sind bereit, eigene Entscheidungen zu treffen, klammern sich nicht wie Kletten an den Ehemann und gestehen ihren Männern den Freiraum zu, den sie für sich selbst wünschen. Und – natürlich – bieten sie Verständnis und Interesse für die berufliche Situation des Mannes. Die karriereorientierte Frau ist ihrem Partner eine gleichwertige und informierte Gesprächspartnerin bei allen anstehenden Diskussionen.

Den Vorteilen stehen Nachteile gegenüber: Eine berufsbewußte Ehefrau erschwert das Männerleben. Nicht nur Beruf und Freizeit stehen für den Mann jetzt auf dem Stundenplan, neue Fächer kommen hinzu, alle im Sektor Haushalt. In der ersten Verliebtheit mag diese Tatsache nicht als Hürde erscheinen. Sie kann sich jedoch zum Problem auswachsen. Das Ende heißt dann Scheidung.

> *Martina Z.* leitet mit 41 Jahren das Lektorat eines Verlages. Seit sechs Jahren ist sie geschieden. Kennengelernt hat sie ihren Ex-Ehemann während ihres Germanistik-Studiums. Von Anfang an war beiden Partnern klar, Martina will immer berufstätig sein. Das Thema Kinder wurde außer acht gelassen, zum Kinderkriegen war noch viel Zeit. Mit 26 Jahren beendete Martina ihr Studium, startete ihren Berufsweg in dem Verlag, in dem sie heute noch beschäftigt ist. Mit ihrer Karriere ging es stetig voran. Mit seinem Berufserfolg allerdings auch. Seine Dienstreisen häuften sich, ihre ebenfalls. Die beiden sahen sich zunehmend weniger, und ihr Ex-Mann forderte plötzlich von ihr, doch die beruflichen Interessen einzuschränken, notfalls den Arbeitsplatz zu wechseln. Dazu war Martina nicht bereit. Die Mißstimmungen zwischen den Ehepartnern vergrößerten sich, am Ende blieb nur die Scheidung als Ausweg. Rückwirkend sieht Martina: „Meinem Mann war nie klar, daß mir meine Karriere wirklich wichtig ist. Ich sagte es ihm, aber er konnte es wohl nicht glauben. Daß ich ihn auf seinem Weg in berufliche Höhen nicht als Nur-Ehefrau begleitet habe, konnte er nicht verkraften."

Langjährige Beziehungen können immer wieder brechen, mit letzter Sicherheit kann sich niemand dagegen wappnen. Aber klären Sie zumindest vor einer Heirat, welche *Vorstellungen* Ihr zukünftiger Ehemann von seiner Ehefrau hat. Prüfen Sie, ob Ihre Lebensideen einigermaßen deckungsgleich sind. Ihr Berufsziel ist eine Karriere im Vertrieb. Das bedeutet: Sie sind häufig auf Dienstreisen, auf Messen müssen Sie präsent sein, Sie besuchen Seminare und Kongresse, dienstliche Verpflichtungen nach Feierabend gehören ebenfalls zum Berufsalltag. Ihr Partner muß sich auf Ihr berufliches Engagement einstellen, muß Ihre knapp bemessene Freizeit akzeptieren. Ist das nicht der Fall, häufen sich die Probleme im Privatbereich. Ihr Mann zeigt Unzufriedenheit, weil Sie recht wenig zuhause sind, Sie sind gekränkt, ob seines mangelnden Verständnis für Ihre beruflichen Interessen. Verdeutlichen Sie Ihrem Partner: „Meine Karriere ist mir wichtig, trotzdem bist Du mir genauso wichtig. Ich will meine Fähigkeiten am Arbeitsplatz bestmöglich einsetzen, und dazu mußt Du mir helfen. Ich bin genauso bereit, Dich bei Deinen beruflichen Bestrebungen zu unterstützen. Wir müssen uns gegenseitig stärken. Das kann aber nur klappen, wenn Du meine Selbständigkeit akzeptierst, und wenn die Aufgaben im Haushalt von uns beiden gleichmäßig erledigt werden."

Frauen haben wie Männer das Recht auf ein Familienleben und ein ausgefülltes Berufsleben. Nur lassen sich Frauen oft schwer bewegen, ihr Haushaltsideal auf Normalmaß zurückzuschrauben. Das bremst die Karriere-Bereitschaft. In diesem Punkt müssen die Frauen für sich selbst andere Voraussetzungen schaffen, um berufliche Erfolge erzielen zu können. Die sprichwörtliche Doppelbelastung von Beruf und Haushalt muß von einer Frau auf Karrierekurs bereitwillig verteilt werden. Erhebt sie für sich den Anspruch, alle Tätigkeiten im familiären Bereich mustergültig erledigen zu müssen, steht sie ständig im Streß. Das ist freilich unnötig, weil der Haushalts-Streß selbst erzeugt ist. Und ein gut geführter Haushalt muß kein tadelloser Haushalt sein.

Der *Wunsch nach einem Kind* versperrt ebenfalls nicht den Weg in die Karriere. Vorausgesetzt, Sie sind sich darüber im klaren, daß Sie keine Bilderbuchmutter sein wollen, sondern Teilzeit-Mutter sind. Entscheiden Sie sich für Karriere und Kind, sollten Sie bei Bekanntwerden der Schwangerschaft Ihren Arbeitgeber informieren. Signalisieren Sie Ihrem Chef und der Personalabteilung deutlich, daß Ihr Beruf trotz des Kindes große Priorität für Sie besitzt. Sagen Sie möglichst frühzeitig, wie lange Sie von dem Mutterschaftsurlaub Gebrauch machen wollen. Dann können sowohl Sie als auch Ihr Unternehmen eine vernünftige Planung aufstellen.

Nach der Geburt des Kindes sind Sie erst einmal mit der neuen Situation beschäftigt: Die Familie hat sich vergrößert, der Tagesablauf verändert sich, Sie müssen Ihr Leben neu organisieren. Das fällt Ihnen – aufgrund Ihrer beruflichen Erfahrungen – aber gewiß leicht. Sobald Sie sich in der Lage dazu sehen, sollten Sie wieder erste Kontakte zu Ihrem Arbeitsplatz aufnehmen. Informieren Sie sich über aktuelle Ereignisse, lesen Sie jetzt die Fachbücher und Fachzeitschriften, die Sie schon immer durcharbeiten wollten und prüfen Sie, ob Sie während Ihres Mutterschaftsurlaubes nicht die Möglichkeit besitzen, an Fort- oder Weiterbildungsmaßnahmen teilzunehmen. Das hilft Ihnen beim Wiedereinstieg nach der Schwangerschaft, und Ihrem Arbeitgeber wird Ihr Interesse deutlich. Länger als maximal zwei Jahre sollten Sie Ihrem Arbeitsplatz als karrierebewußte Frau freilich nicht fern bleiben.

5.2 Das richtige Timing: Beruf und Familie

Sie sind eine erfolgreiche Berufstätige mit Ehemann und Kind(ern). Der Familie können Sie nur relativ wenig Zeit widmen. Also stehen Sie vor der Aufgabe, Ihre zur Verfügung stehende Zeit richtig einzuteilen. Auch Ihr Tag hat nur 24 Stunden. In aller Ruhe, nicht geplagt von dem Gedanken an ein häusliches Durcheinander, können Sie Ihren beruflichen Pflichten nachgehen, wenn Sie *Haushaltsaufgaben delegieren.* Das Mindeste an Hilfe, was Sie benötigen ist eine Putzfrau. Trotz Putzfrau werden Sie zwar immer erneut Ecken und Stellen in Ihrem Haushalt entdecken, die Sie gründlicher gereinigt hätten. Die tatsächlichen Perlen gibt es wirklich selten! Aber befreien Sie sich von der Vorstellung, nur ein spiegelblanker Küchenboden könne Ihren Anforderungen genügen. Mit normaler Sauberkeit läßt es sich sehr wohl leben.

Organisation ist das Zauberwort eines Haushaltes. Mit einer Vielzahl von elektrischen Geräten kann die Arbeit zuhause schon stark rationalisiert werden. Sparen Sie nicht am falschen Platz, Ihre Nerven werden es Ihnen danken.

Erlaubt es Ihr Berufsrhythmus nicht, von montags bis freitags einmal einkaufen zu gehen, bieten sich Ihnen mehrere Möglichkeiten: Die Großeinkäufe werden am Wochenende erledigt, die frischen Lebensmittel besorgt der Ehemann, Sie spannen einen anderen Familienangehörigen für diese Zwecke ein, oder Sie suchen sich beispielsweise eine Schülerin, die diese Aufgabe übernimmt. Gewiß werden Sie mit den fremdgetätigten Einkäufen nicht immer zufrieden sein – Ihnen gefällt der Schinken nicht, auch dieses Obst hätten Sie nicht gekauft! Doch seien Sie großzügig. Sie haben Ihre notwendigen Zutaten und das ist das Wichtigste.

Sind im häuslichen Bereich Festivitäten – ob privat oder mehr dienstlicher Natur – angesagt, dann lassen Sie sich nicht vom Hausfrauen-Ehrgeiz auffressen. Kein Gast erwartet von Ihnen ein selbstgekochtes 5-Gänge-Menue. Beauftragen Sie lieber ein Delikatessen-Geschäft, lassen Sie sich ein leckeres Buffet zusammenstellen. Oder informieren Sie sich vor Ort, welche Restaurants Speisen auch ins Haus liefern. Diese Art der Gästebewirtung ist zwar nicht billig, aber sie schont die Nerven. Sie können die Gäste ausgeruht und nicht als Nervenbündel empfangen. Oder laden Sie gleich in ein Restaurant ein, dann sparen Sie sich noch das Geschirr und die nötigen Aufräumarbeiten. Und eine bezaubernde Gastgeberin ist den Gästen allemal lieber als eine Speisenfolge von ausgesuchten und selbst zubereiteten Gerichten, die von einer enervierten Frau aufgetischt werden.

Sind Sie Karrierefrau und Mutter, ist es vordringlichste Aufgabe, eine zuverlässige Kinderfrau zu suchen. Sie müssen wissen, daß das Kind in

Ihrer Abwesenheit gut versorgt ist. Das gilt nicht nur für die ersten drei Jahre des Kindes, sondern setzt sich im Kindergartenalter fort. Die Öffnungszeiten des Kindergartens passen wahrscheinlich kaum mit Ihrer Arbeitszeit zusammen. Überlegen Sie gemeinsam mit Ihrem Partner, wer den Nachwuchs auf dem Kindergartenweg begleiten kann. Es ist nicht allein Frauen-Sache für das Kind zu sorgen. Sie haben zwar das Kind geboren, aber der Kinderwunsch war eine gemeinsame Entscheidung von Ihnen und Ihrem Ehemann. Als Mutter sind Sie keineswegs mehr verantwortlich für das Kind als der Vater! Großeltern bieten sich an, andere Verwandte genauso wie eine Hilfe, die Haushaltspflichten und Kinderversorgung in der Abwesenheit der Eltern übernimmt.

Grundsätzlich müssen Sie sich von dem Skrupel frei machen, nur eine Vollzeit-Mutter sei eine gute Mutter. Sie können Ihrem Kind eine sehr gute Mutter sein, unabhängig davon, daß Sie täglich viele Stunden an Ihrem Arbeitsplatz verbringen. Ganz wichtig ist, daß Sie *Vorsorge für Notfälle* treffen: Das Kind kann krank werden, die Kinderfrau fällt aus, oder Opa wird krank, der eigentlich das Kind vom Kindergarten holt. Sie müssen sich ein *Netzwerk* schaffen, das in diesen Notfällen einspringt. Besprechen Sie sich mit Nachbarn, Kinder gibt es überall. Vielleicht ist eine Nachbarin bereit, im Fall der Fälle zu helfen. Vielleicht eine andere Person. Wer es auch ist, Sie brauchen jemanden, auf den Sie sich total verlassen können. Sonst kann die Katastrophe programmiert sein: Sie wollen gerade zum Flughafen, da klingelt das Telefon, es ist die Kinderfrau, sie kommt nicht. Der Ehemann ist schon unterwegs zu seinem Arbeitsplatz, und Sie werden in vier Stunden in Mailand erwartet. Was tun? Jetzt macht es sich bezahlt, wenn Sie rechtzeitig an alles gedacht haben. Sie wissen: Ich kann die Nachbarin B. anrufen, die springt ein. Sie haben ein gutes Gefühl, können sich während des Fluges auf Ihr Gespräch vorbereiten, müssen nicht mit den Gedanken zu Hause bleiben.

Legen Sie sich für den heimischen Bereich ebenfalls einen Organisationsplan an, halten Sie die notwendigen Telefonummern Ihrer direkten Helfer und der Notfall-Helfer bereit. Dann können Sie ruhig darauf vertrauen, daß zuhause nie das Chaos ausbricht.

Teil II

Das Rennen

1 Die konkrete Karriereplanung

Eine umfassende *Ausbildung* und die richtige *Berufswahl* sind die Eintrittskarte für eine erfolgreiche Laufbahn. Beide Voraussetzungen besitzen die Frauen in zunehmendem Maße. Was freilich fehlt, ist eine Karriereplanung: Die Frauen müssen sich erst Gedanken über ihren beruflichen Werdegang machen und dann handeln. Bisher agieren die Mitarbeiterinnen in Unternehmen genau umgekehrt: Sie handeln, warten ab, und danach fangen sie an zu überlegen.

Frauen starten in ihren Berufen, ohne über das Morgen nachzudenken. Sie wägen die Chancen und Möglichkeiten nicht genügend ab, die ihnen ein Arbeitgeber bieten kann. Auf Karriere-Kurs gelangen jedoch nur die Frauen, die ihre beruflichen Aussichten von allen Seiten betrachten, die ihren Berufsweg planen. Der Karrierewunsch allein ist kein Ziel, sondern eine Erwartung an das eigene Können und ein persönliches Streben. Der Berufsweg muß umgesetzt werden in einen Plan. Der berufliche Plan formuliert konkrete Ziele und hilft, die eigene Zukunft am Arbeitsplatz aktiv zu gestalten. Eine Planung legt fest, wie die gewünschten Ziele erreicht werden können. Eine Karriereplanung ist nichts anderes, als jetzt Entscheidungen zu treffen, deren Auswirkungen sich erst später bemerkbar machen.

1.1 Karriereziele und Karrierestrategie

Karrierewillige Frauen müssen für sich Ziele entwickeln und eine berufliche Standortanalyse erstellen. Je früher sie das tun, um so leichter und mit weniger Umwegen wird das gewünschte Ziel erreicht.

Standortanalyse meint nichts anderes, als sich selbst über das eigene Können und die eigenen Fähigkeiten klar zu werden. Bevor der detaillierte Plan erstellt wird, sollte sich jede berufsbewußte Frau mit den folgenden Fragen auseinandersetzen:

- Was kann ich?
- Welches Ziel strebe ich an?

Die erste Frage zielt darauf ab, einen Überblick über eigene fachliche und persönliche Kenntnisse zu bekommen. Die zweite Frage hilft, sich Klarheit über die eigenen Ziele zu verschaffen. Die Soziologin Doris Hartmann, sie ist Trainerin für Führungskräfte, empfiehlt den Frauen für sich selbst zu klären, wo und wie sie etwas beeinflussen und bewegen wollen. Wüßten die Frauen, welche

Aufgaben und Probleme sie lösen wollten, könnten sie als letztes Ziel eine berufliche Position formulieren.

Ein *Beispiel* zur Verdeutlichung:

> Eine Fachkauffrau für Marketing möchte Erfolg am Arbeitsplatz. Sie hat während ihrer Ausbildung an einer Fachschule das nötige Verständnis für wirtschaftliche Zusammenhänge erworben, sie besitzt Verkaufstalent und Kontaktfreudigkeit. Seit drei Jahren ist sie jetzt als Sachbearbeiterin in der Abteilung für Öffentlichkeitsarbeit und Werbung eines Versand-Unternehmens tätig. Zu Anfang arbeitete sie in einer Gruppe, die für Direct-Mailing-Aktionen zuständig ist. Rasch vertiefte sie sich in das Thema Entwurf und Gestaltung von Werbebriefen. Zunehmend entwickelte sie eigenständig kleinere Aktionen. Das gefiel ihr. Nach zweieinhalb Jahren wurde sie in eine Gruppe für Tageszeitungen versetzt: Eine Schwangerschaftsvertretung für eine Kollegin war zu übernehmen. Ungern verließ die Marketingfrau ihre Gruppe. Doch schnell gewann sie Freude und Begeisterung an der neuen Aufgabe. Sie merkte: Das Schreiben von Texten für die Presse macht ihr mehr Freude als das Schreiben von Werbebriefen. Sie möchte jetzt in dieser Abteilung bleiben und wünscht sich, eines Tages Leiterin der Abteilung Tageszeitungen zu werden.

Die Marketing-Fachfrau hat ihr Karriereziel formuliert. Jetzt kann sie sich mit dem Entwerfen einer geeigneten Strategie beschäftigen.

Steht das Karriereziel fest, kann die passende Strategie entwickelt werden: Wie wird dieses Ziel am besten erreicht? Der Aufbau der strategischen Berufsplanung beginnt mit diesen Fragen:

- Was brauche ich, um das Ziel zu erreichen?
- Wo bekomme ich das Know-how dazu?

Jede karriere-kalkulierende Frau muß sich überlegen, welche Anforderungen mit dem Ziel verbunden sind. Dann muß sie herausbekommen, wo und wie sie sich das dafür notwendige Wissen besorgen kann.

Ganz allgemein und für jeden Karrierewunsch gilt: Wichtig sind der fachliche Überblick und das Verständnis für die Abteilung, in der Karriere gemacht werden soll.

Eine Berufserfahrung von einem halben Jahr ist natürlich zu kurz für die Marketing-Fachfrau, um eine Führungsaufgabe in der Gruppe Öffentlichkeitsarbeit übernehmen zu können. Um ihr gesetztes Ziel zu erreichen, benötigt diese Frau also mehr und umfassendere Fachkenntnisse. Sie muß möglichst alle

Aufgaben der Gruppe kennen und wissen, wie diese zur Zufriedenheit der Unternehmensleitung gelöst werden können.

Wer führen will, benötigt zudem Kenntnisse über die gesamte Abteilung. Die Führungskraft in spe muß Bescheid wissen über folgende Fragestellungen: Welche Aufgaben hat die gesamte Abteilung? Wie werden diese Aufgaben erledigt? Welchen Stellenwert hat diese Abteilung für das Unternehmen? Mit welchen anderen Abteilungen bestehen enge und weniger enge Kontakte? Welche Ansprechpersonen gibt es im Unternehmen speziell für meine Abteilung? Welche Kontakte bestehen nach außen, welche sind davon besonders wichtig?

Von selbst versteht sich, daß sich die karrierewillige Marketingfrau das gesamte Fachwissen über die Öffentlichkeitsarbeit aneignen muß. Sie darf den Umgang mit Journalisten und Pressebüros nicht scheuen: muß bei Fragen Rede und Antwort stehen, muß Texte verfassen, muß Pressekonferenzen organisieren oder auch eine Gruppe von Journalisten bei einer Betriebsbesichtigung fachkundig durch das Haus führen können. Zu diesem fachlichen Know-how müssen sich persönliche Fähigkeiten gesellen: Kontaktfreudigkeit, Schlagfertigkeit, freies Reden vor größeren Gruppen, Überzeugungskraft, Präsentation von Unternehmenszielen, Organisationstalent sowie Umgang mit und Motivation von Mitarbeitern.

Diese persönlichen Fähigkeiten für die Übernahme einer Führungsaufgabe sind von Beruf zu Beruf zwar unterschiedlich ausgeprägt, immer werden die Schwerpunkte verschieden gesetzt, doch die genannten acht Punkte benötigt jede Führungskraft. Für die Marketingfrau kommt hinzu: Sie muß den Umgang mit technischen Geräten beherrschen. Sie muß wissen, wie und wann ein Overhead-Projektor eingesetzt wird, wann Videofilme bessere Präsentationsmöglichkeiten bieten oder wann sich ein Dia-Vortrag anbietet.

Die junge Frau weiß nun, welche Anforderungen die von ihr erstrebte Position an sie stellt. Jetzt kann sie darüber nachdenken, wo sie sich dieses Wissen am besten aneignen kann.

Die nötigen Kenntnisse über die Gruppe, die Abteilung und das Unternehmen verschafft sie sich natürlich im Berufsalltag. Zunehmend muß sie Kontakte außerhalb ihrer Gruppe knüpfen. Wer über den eigenen Schreibtischrand nicht hinaussieht, kann sich keinen Einblick und keine Sicherheit über die Gesamtaufgaben beschaffen. Das bedeutet, sich darüber zu informieren, mit welchen Projekten sich die anderen Gruppen in der Abteilung beschäftigen. Und das heißt: abteilungsübergreifend in Erfahrung zu bringen, welche kurz-, mittel- und langfristigen Ziele das Unternehmen aufgestellt hat. Kurz: Über das gesamte Unternehmen müssen Kenntnisse gesammelt werden. Die Angestellte muß zum

Beispiel wissen, wer im Unternehmen für welche Art von Statistiken zuständig ist, damit sie den Ansprechpartner kennt, von dem sie Zahlenmaterial für ihre Veröffentlichungen bekommt.

Die persönlichen Anforderungen kann sie teilweise erlernen. Weist sie Schwächen in der freien Rede auf, ist der Besuch eines Rhetorik-Seminars angebracht, ebenso ein Organisations-Seminar – falls sie nicht im Berufsalltag das Organisieren einer großen Konferenzrunde für Journalisten lernt – und natürlich ein oder mehrere EDV-Seminare, denn gewiß wird sie ihre Texte auf einem Personalcomputer erstellen. Die Kenntnisse über die technischen Geräte kann sie sich hausintern mit der Hilfe von Kolleginnen und Kollegen verschaffen.

Das Führungswissen, wie beispielsweise Beurteilungsgespräche mit Mitarbeitern, die Motivation der Mitarbeiter oder Kritikgespräche mit Mitarbeitern, sollte sie sich durch Seminarbesuche aneignen.

> Haben Sie Karriereziel und Strategie ausgearbeitet, haben Sie bereits die besten Vorbereitungen für Ihren persönlichen Karriereplan getroffen. Jetzt heißt es nämlich, die Strategie in eine konkrete Planung umzusetzen. Wenn Sie wissen, welches Ziel Sie mit welcher Strategie anstreben, müssen Sie sich in Ihrem Unternehmen Verbündete suchen. Sie sind auf die Unterstützung des direkten Vorgesetzten, seines Vorgesetzten und der Personalabteilung angewiesen. Sprechen Sie mit diesen Personen. Bringen Sie in Erfahrung, ob Ihre strategischen Überlegungen richtig sind, und ob sie im Unternehmen entsprechend gefördert werden.

Bevor Sie Ihren Karriereplan erstellen, sollten Sie die Check-Liste auf S. 59 ausfüllen.

Überprüfen Sie Ihre Karriere-Strategie auf Vollständigkeit, bevor Sie den endgültigen Plan aufstellen. Lückenhafte strategische Überlegungen führen zu Fehlern in Ihrem Karriereplan. Ermitteln Sie die Anforderungen, die der Arbeitsmarkt stellt. Anhaltspunkte für das eigene Fachgebiet bekommen Sie beim Lesen von Fachzeitschriften oder auch beim Besuch von Kongressen.

Versuchen Sie vor allen Dingen, Ihre starken und schwachen Punkte eindeutig herauszufinden und zu formulieren. Denn genau an den kritischen Bereichen kann eine gut geplante Karriere scheitern. Sie wollen Erfolg haben, deshalb müssen Sie Stärken ausbauen, Schwächen beseitigen und die Kenntnisse erweitern. Ganz allein können Sie das nicht schaffen. Aber mit der richtigen Anleitung im Karriere-Gepäck gelangen Sie an das gewünschte Ziel.

Check-Liste: Karriereziel und Strategie

1. Was kann ich?
- z.B. Fachkenntnisse,
  Unternehmenskenntnisse,
  Branchenkenntnisse

- persönliche Fähigkeiten
  z.B. Formulieren,
  Reden,
  Organisieren,
  Fremdsprachen

2. Welches Ziel strebe ich an?
- z.B. Abteilungsleiterin

3. Was brauche ich, um das Ziel zu erreichen?
- z. B. Führungswissen,
  Umgang mit technischen Geräten

4. Wo bekomme ich das Know-how dazu?
- z. B. Seminare,
  Berufserfahrung

1.2 Die Weiterbildung

Eine qualifizierte Ausbildung und ein gut zu Ihnen passender Arbeitgeber sind wesentliche Vorbedingungen für den Sprung in die Karriere. Beide helfen Ihnen kräftig, den Karrierewillen in die Tat umzusetzen. Springen müssen Sie allerdings alleine. Jetzt heißt es, am Ball zu bleiben. Ihre Allgemeinbildung ist gut, die Einführung in die berufliche Praxis hat ebenfalls geklappt. Aber weitergehende und neue Aufgaben erwarten Sie. Darauf sollten Sie sich rechtzeitig vorbereiten: Sie müssen sich fort- und weiterbilden. Umfassende fachliche und persönliche Weiterbildung sind ein absolutes Muß für Führungskräfte.

Frauen zeigen bisher viel zu wenig Interesse an der eigenen Fort- und Weiterbildung. Diese Erfahrung muß Christa Gotzian, Ressort Öffentlichkeitsarbeit bei der IBM, ständig machen: „Frauen machen sich kaum Gedanken um ihre eigene Weiterbildung. Sie investieren zu wenig in sich selbst, sie blicken nicht voraus und stellen sich nicht auf zukünftige Situationen ein.“

Fortbildung heißt, das vorhandene Wissen zu vertiefen. Immer Schritt halten zu können mit den neuesten Anforderungen, beispielsweise mit einer geänderten Technik, ist Ziel der Fortbildung. Verändert eine Friseurmeisterin ihre Haarschneidetechniken im Zeitablauf nicht, werden sich zunehmend weniger Kunden von ihr bedienen lassen wollen. Die Haarschnitte verändern sich genauso wie die Mode, also muß sie die jeweils neuen Schneidetechniken erlernen.

> Weiterbildung bedeutet über die bereits vorhandene Ausbildung und die praktischen Kenntnisse hinaus, das Fachwissen und die persönlichen Fähigkeiten zu erweitern, um noch umfassendere Kenntnisse zu besitzen. Eine Weiterbildung zielt darauf ab, das eigene Aufgabengebiet zu vergrößern, in anderen, größeren Kategorien denken und handeln zu können.

Für die Friseurmeisterin könnte eine Zusatzausbildung zur Kosmetikerin oder zur Maskenbildnerin eine Weiterbildung sein. Eine Fremdsprachensekretärin, die bisher Englisch und Russisch beherrscht, könnte Spanisch als zusätzliche Sprache lernen.

Eine Bekleidungsingenieurin, die sich überwiegend mit Entwürfen und Schnittkonstruktionen beschäftigt, kann sich in die Produktionskontrolle einarbeiten. Derartige Aktivitäten sind unter *fachlicher* Weiterbildung zu verstehen. In den Bereich *persönliche* Weiterbildung fallen Seminare zum Führungsverhalten, zur Motivation oder etwa Rhetorik-Kurse.

Die Fortbildung vollzieht sich überwiegend am eigenen Arbeitsplatz: Sie lernen Neues, indem Sie Ihr Aufgabengebiet ständig erweitern. In Neudeutsch nennt sich das kurz und bündig Learning-by-doing. Ein *Beispiel* dafür:

> Eine Innenarchitektin, die bisher ausschließlich Büroräume eingerichtet hat, erhält den Auftrag, eine Arztpraxis funktional und trotzdem optisch ansprechend auszustatten. Mit der Lösung dieser Aufgabe sind für die Berufstätige andere Anforderungen verbunden, als es bislang der Fall war. Die Problemlösung kann und wird die Innenarchitektin aufgrund ihrer Kenntnisse und Erfahrungen finden.
>
> Ganz anders präsentiert sich dieser Innenarchitektin die Situation, wenn sie zur Gruppenleiterin eines Teams – bestehend aus drei Innenarchitekten, zwei Raumausstattern und einem Dekorateur – befördert werden soll, weil ihr Arbeitgeber einen Großauftrag angenommen hat: Sie soll mit ihrer Mannschaft ein 300-Zimmer-Luxus-Hotel ausstatten, angefangen beim Hotelfoyer, über die Küchen bis hin zu den Hotelzimmern. Über das reine Fachwissen hinaus, benötigt die Innenarchitektin nun Führungskenntnisse: Sie muß ihr Team anleiten, muß Aufgaben

delegieren und kontrollieren und ist für die Termineinhaltung verantwortlich. Dieses Wissen erhält sie nicht während ihrer praktischen Ausbildung, das kann sie sich nur durch Weiterbildung aneignen, durch den Besuch von Seminaren, Tagungen und Kongressen.

Und genau an diesen Kenntnissen und Fähigkeiten mangelt es den meisten Frauen. Das Fachwissen ist gut, vielleicht sogar exzellent, aber die Frau, die anderen Menschen vorgesetzt sein will, die muß auch Führungskönnen beherrschen, die muß sich mit *Management-Techniken* auseinandersetzen.

Der Frankfurter Personalberater Carl H. Liebrecht sieht genau in diesem Punkt ein spezielles Frauen-Problem: „Frauen befassen sich viel zu wenig mit Management-Techniken und üben sie viel zu wenig ein. Sie warten immer darauf, daß ihnen die Unternehmer etwas anbieten, ergreifen aber nicht von selbst die Initiative. Männer tun in diesem Bereich sehr viel mehr. Sie investieren auch in der Freizeit in ihren Beruf, besuchen auch mal ganz privat ein Seminar.“ Die Gründe für dieses unterschiedliche Verhalten sieht er in dem Bewußtsein der Männer verankert: Sie müssen bis zur Pensionierung arbeiten, und wenn sie eine Familie gründen wollen, wollen Männer mit einem mehr als durchschnittlichen Ehrgeiz eben auch mehr verdienen. Die Familie soll gut leben, ohne finanzielle Sorgen. Bei den meisten Frauen sei diese Berufs-Notwendigkeit nicht im Bewußtsein vorhanden.

Frauen nutzen im Zweifelsfall das Hintertürchen Ehemann und Mutterschaft, um dem Berufsleben zu entgehen oder zumindest dem Beruf nicht zu große Bedeutung beizumessen. Mit dieser Haltung kann natürlich keine Frau Karriere machen. Wird den Frauen dieser Unterschied bewußt, können sie ganz gezielt dagegen angehen.

Jede Frau kann sich überlegen, in welchen Bereichen ihre Fähigkeiten noch nicht gut genug sind. Entsprechend sollte sie sich für Führungstraining, Methoden der Personalführung, Organisationsentwicklung, Marketing oder auch für eine Vertriebsschulung interessieren. Die rein fachliche Weiterbildung darf über der persönlichkeitsbildenden Weiterbildung natürlich nicht zu kurz kommen. Nur wenn die Fachkenntnisse mit dem Führungskönnen Schritt halten, werden die Frauen für verantwortliche Positionen in den Unternehmen eingesetzt.

Ist Ihr Unternehmen nur mäßig an einer Weiterbildung seiner Mitarbeiter interessiert, dann besuchen Sie die nötigen Veranstaltungen auf Privatkosten und suchen sich danach am besten einen neuen Arbeitgeber. Einen, der mehr Verständnis für Ihre Aufstiegswünsche beweist.

Sind Sie in einem Unternehmen beschäftigt, das seinen Mitarbeitern eine große Palette von Weiterbildungsangeboten – unabhängig vom Geschlecht – offeriert, dann machen Sie regen Gebrauch davon. Meist schlagen die Abteilungsleiter aus ihren Abteilungen bestimmte Personen zum Besuch von Seminaren vor.

Und gerne werden da die Frauen vergessen. Keineswegs aus böswilliger Absicht, sondern weil sie nicht rechtzeitig auf sich aufmerksam machen. Die Arbeitnehmerinnen müssen ihren Vorgesetzten durch Leistung und Einsatz beweisen, daß Ihr Potential für das Unternehmen auf Dauer nicht richtig genutzt wird, wenn es sie lediglich in untergeordneten Positionen beschäftigt.

Ein konkretes *Beispiel:*

Eine Organisationsprogrammiererin ist in der Gruppe Kassenabrechnung einer großen EDV-Abteilung eines Küchengeräte-Herstellers beschäftigt. Ein anderes Team entwickelt ein Vertriebskonzept auf der Basis von Datenbanken. Sie besitzt noch keine Kenntnisse aus diesem Gebiet, möchte aber über dieses große Arbeitsfeld Bescheid wissen. Nicht zuletzt deswegen, weil sie die Kassenabrechnung rundum beherrscht und neugierig ist auf neue Herausforderungen. Außerdem ist sie darüber informiert, daß in der Datenbank-Gruppe eine Arbeitskraft fehlt. Sie sollte ihrem Vorgesetzten folglich mitteilen, daß sie an dem Datenbank-Projekt mitarbeiten möchte. Gleichzeitig muß sie ihm sagen, daß sie Einführungsseminare dafür benötigt. Und sie muß ihrem Chef verdeutlichen: Ich will mein Wissen vergrößern. Ein vernünftiger Abteilungsleiter erfüllt diese Wünsche gewiß. Denn kein Unternehmen verliert gerne engagierte, interessierte und wissensdurstige Mitarbeiter. Der Chef weiß: Wenn wir ihr die Weiterbildung nicht bieten, wird sich die Mitarbeiterin in absehbarer Zeit einen anderen Arbeitsplatz suchen.

Wichtig ist: Entwickeln Sie für sich eine aktive Strategie der Weiterbildung. Überlegen Sie, welche Kenntnisse und Fähigkeiten Ihnen noch fehlen, prüfen Sie, wo und wann Sie sich dieses Wissen am besten aneignen können. Machen Sie sich eine Check-Liste über Weiterbildungsangebote, die Sie privat nutzen wollen und über Angebote, die Sie von Ihrem Unternehmen erwarten. Und binden Sie diese Vorstellungen in einen Terminplan ein.

Check-Liste: Fort- und Weiterbildung

Ein Beispiel:

Der Beruf	*Datenverarbeitungskauffrau*
Das Ausbildungsziel	*Staatlich geprüfte Betriebswirtin, Datenverarbeitung*
Wie erreiche ich das?	
Die Ausbildung	– *Realschulabschluß* – *3jährige berufliche Ausbildung in der Industrie*
Die praktische Erfahrung	– *9 Monate*
Anforderungen Ausbildungsziel	– *Besuch einer Fachschule:* – *1 Jahr Berufspraxis bei Teilzeitschule, Dauer 4 Jahre* – *2 Jahre Berufspraxis bei Vollzeitschule, Dauer 2 Jahre*

Check-Liste: Fort- und Weiterbildung

(zum Ausfüllen)

Mein Beruf
Mein Ausbildungsziel
Wie erreiche ich das ?
Meine Ausbildung
Meine praktische Erfahrung
Anforderungen Ausbildungsziel

Erstellen Sie sich anhand dieser Check-Liste Ihre *eigene* Fort- und Weiterbildungsstrategie. Schreiben Sie den Zeitraum dazu, in dem Sie das geplante Ziel erreichen wollen. Dann haben Sie Ihre Ziele besser im Visier.

1.3 Der Karriereplan

Die berufliche Zielsetzung liegt fest. Aus dem Karrierewunsch wird nun ein ganz konkreter Plan entwickelt. Die Planung legt die Berufsentwicklung für einen längeren Zeitraum im voraus auf dem Papier fest. Zugrundegelegt wird das angestrebte Karriereziel auf der Basis der individuellen Plandaten: Ausbildung, Berufserfahrung, fachliche und persönliche Kenntnisse, Branchenerfahrung, Auslandserfahrung, Gehaltsvorstellungen und Zeitvorgaben.

Erinnern Sie sich an die Organisationsprogrammiererin, die bei einem Elektrogeräte-Konzern arbeitet? Sie hat ihre schulische Weiterbildung abgeschlossen, ist jetzt staatlich geprüfte Betriebswirtin, Datenverarbeitung. An ihrem Karriereziel hat sich nichts geändert. Das langfristige Karriereziel heißt: Ich möchte in sieben Jahren Leiterin der Programmierung sein.

Dieses langfristige Ziel muß sie in kurz- und mittelfristige Ziele untergliedern. Das kurzfristige Ziel könnte lauten: In zwei Jahren will ich eine Projektleitung übernehmen. Das mittelfristige Ziel heißt: In spätestens vier Jahren möchte ich zur Gruppenleiterin der Programmierung aufsteigen. Das kurz- und das mittelfristige Ziel sind die Teilpläne für den persönlichen Karriereplan.

Die Organisationsprogrammiererin stellt jetzt eine Check-Liste mit ihren *konkreten Karrierezielen* auf.

Check-Liste: Konkrete Karriereziele

Der Beruf	*Organisationsprogrammiererin*
Die Branche	*Elektro/Haushaltsgeräte*
Die berufliche Ausbildung	*Datenverarbeitungskauffrau, Staatlich geprüfte Betriebswirtin, Datenverarbeitung*
Die Karriereziele:	
– kurzfristig	*Projektleiterin in 2 Jahren*
– mittelfristig	*Gruppenleiterin in 4 Jahren*
– langfristig	*Leiterin Programmierung in 7 Jahren*

Sind die Ziele klar formuliert, können die einzelnen Schritte zur Umsetzung der Ziele geplant werden. Überprüfen Sie den von Ihnen geplanten Zeitrahmen – beispielsweise anhand von Stellenangeboten – auf Richtigkeit. Je vorsichtiger und weitblickender Sie operieren, um so weniger Fehler unterlaufen Ihnen in der Planung.

Am besten ist es, wenn der Karriereplan kontinuierlich aufgebaut ist. Deshalb muß die Organisationsprogrammiererin überlegen, wie sie ihre Karriere-Teilziele erreichen kann, welche Voraussetzungen dafür nötig sind. Außerdem muß sie für sich klären, ob diese Branche die richtige für sie ist. Diese Entscheidung hat sie bereits für sich getroffen: Die Branche sagt ihr zu. Gleichzeitig weiß sie aber: Sollte der Karrierewunsch hier nicht zu realisieren sein, würde auch ein anderer Produktionsbetrieb in Frage kommen. Zusätzlich sollte sie überlegen, welche Unternehmen für ihren Karrierewunsch geeignet sind.

Das erste Teilziel der Beispiel-Frau lautet: *Übernahme einer Projektleitung.* Damit das Ziel in Reichweite rückt, müssen fachliche und unternehmensspezifische Kriterien berücksichtigt werden. Diese Anforderungen werden in einer Check-Liste formuliert.

Check-Liste: Realisierung kurzfristiges Karriereziel

Aufgaben der Projektleiterin:	– *Überwachung des Projektes,* – *Koordination der einzelnen Aufgabenbereiche,* – *Delegation von Aufgaben,* – *Termineinhaltung,* – *Mitarbeiter fachlich unterstellt, nicht disziplinarisch.*
Anforderungen an eine Projektleitung:	– *Sehr gute Fachkenntnisse,* – *umfangreiche Projektkenntnisse,* – *Bewährung in der Organisationsprogrammierung,* – *Engagement,* – *Organisationstalent,* – *Kontaktfähigkeit,* – *Mut zur Entscheidung,* – *guter Umgang mit Mitarbeitern,* – *Kontakte in der Abteilung und im Unternehmen besitzen.*
Eigenes Know-how:	– *4 Jahre Berufserfahrung,* – *gute und ausbaufähige Fachkenntnisse,* – *Organisationstalent,* – *Engagement,* – *Kontaktfähigkeit,* – *Entscheidungsbereitschaft.*

Wie Ziel Projektleitung erreichbar?	– *In den nächsten 2 Jahren Fachwissen erweitern: Besuch von Seminaren;* – *Kenntnisse über die in Zukunft anstehenden Projekte sammeln: Spezialwissen darüber aneignen; Seminare, Fachliteratur lesen;* – *in der eigenen Gruppe auffallen durch große Einsatzbereitschaft;* – *zunehmend Kontakte zu Mitarbeitern in der Abteilung und generell im Unternehmen knüpfen;* – *den Chef oder die Chefin des jetzigen Projektes beobachten: wie wird was, wann gemacht?*

Zur Zeit arbeitet die Organisationsprogrammiererin in der Projektgruppe Datenbanken. Sie muß sich umfassende Kenntnisse über die Welt der Datenbanken aneignen. Nur wenn sie in ihrer jetzigen Projektgruppe durch Engagement, durch gute und realisierbare Ideen auffallen kann, sind ihre Ziele überhaupt zu verwirklichen. Sind ihre Vorschläge zwar sinnvoll, verweist der Projektleiter jedoch bei der Präsentation der Ausarbeitung wiederholt nicht auf sie als Urheberin der Ideen, sollte sie mit dem Projektleiter ein Gespräch führen. Sie muß ihren Chef darauf hinweisen, daß sie engagiert arbeitet und erwartet, dafür belohnt zu werden: Sie will Anerkennung und ihr Name soll genannt werden. Ändert der Projektleiter sein unfaires und unkorrektes Verhalten nicht, ist es angebracht, den disziplinarischen Vorgesetzten zu unterrichten.

Generell ist es einer Karriere natürlich nur förderlich, loyales Verhalten gegenüber allen Vorgesetzten zu beweisen. Was keineswegs heißt, die Vorschläge und Meinungen des oder der Chefs ungeprüft und kritiklos zu übernehmen. Loyalität bedeutet, sachliche Auseinandersetzungen zu führen, möglichst ohne Dritte darin einzuschalten. Aber auch in diesem Fall bestätigen Ausnahmen die Regel.

Parallel geschaltet zu dem beruflichen Einsatz, sollte die EDV-Frau versuchen, in den Kreis der Führungsnachwuchskräfte aufgenommen zu werden. Sehr viele Unternehmen bieten spezielle Weiterbildungen für diese Gruppe von Mitarbeitern an. Durch Auswahlverfahren, beispielsweise durch die Teilnahme an einem Assessment-Center, kann frühzeitig geklärt werden, ob der Karrierewunsch zur eigenen Persönlichkeit paßt.

Rückt die Projektleitung in greifbare Nähe, sowohl der direkte Vorgesetzte als auch der Abteilungsleiter haben mit der Frau schon darüber gesprochen, sollte sich die junge Frau über die anstehenden Projekte informieren. Sie sollte in

Erfahrung bringen, welche Projekte geplant sind und welche Bedeutung die einzelnen Projekte in der Jahresplanung des Unternehmens einnehmen. Sie sollte dann ihr Interesse an einem besonders prestigefördernden Projekt signalisieren: Je wichtiger ein Projekt für das Unternehmen ist, um so eher kann sie sich profilieren und im Hause auf sich aufmerksam machen.

Jetzt hat sie ihr erstes Teilziel erreicht, aber die weitere Karriere-Zukunft darf nicht vernachlässigt werden. Länger als zwei Jahre will die Fachfrau schließlich nicht Chefin einer Projektgruppe sein, sondern spätestens nach diesem Zeitraum will sie *Gruppenleiterin der Organisationsprogrammierung* werden.

Vorrangige Aufgabe für sie ist: sich in der Projektleitung zu bewähren. Ihr erstes Projekt muß erfolgreich abgeschlossen sein, bevor sie weitere Karriere-Ambitionen laut werden läßt. Parallel dazu muß sie sich mit dem weiteren Ausbau ihrer Karriere beschäftigen. Nach den ersten erfolgreichen Schritten heißt es weiter agieren. Deshalb steht zu diesem Zeitpunkt die Konkretisierung des mittelfristigen Karrierezieles an.

Hat die EDV-Fachfrau ihr erstes Projekt erfolgreich abgeschlossen, sollte sie sich um ein schwieriges zweites Projekt bemühen, und gleichzeitig ihrem Abteilungsleiter ihr Interesse an einem weiteren Karriere-Kurs bekunden. Ist der Abteilungsleiter damit prinzipiell einverstanden, sollte sie der Personalabteilung ihr weiteres Aufstiegs-Interesse ankündigen, damit sie entsprechende Vorbereitungskurse besuchen kann.

Zudem muß sie klären, ob in dem von ihr gewünschten Zeitraum überhaupt die gewünschte Gruppenleitung frei werden kann. Ist das aufgrund der personellen Situation unklar, heißt es abwarten.

Wenn aber bereits klar ist, daß sie in diesem Unternehmen auf keinen Fall eine Gruppenleitung übernehmen kann, muß sie eine andere Strategie aufbauen. Denn nur in einem anderen Unternehmen wird sie ihr mittelfristiges Karriereziel erreichen können. In diesem Fall lautet die vorrangige Aufgabe: Möglichst umfassende Kenntnisse in der Projektleitung sammeln und parallel dazu die Stellenangebote durchforsten.

Spätestens nach zwei Jahren erfolgreicher Projektleitung sollte sie dann nach einer ausbaufähigen Position in einem anderen Unternehmen Ausschau halten. Vor dem Lesen der Stellenangebote sollte sich die Frau aber Gedanken gemacht haben um die Branche: Welches ist meine Wunschbranche, welche anderen Branchen kommen noch in Frage?

Der Sprung in die Gruppenleitung ist geschafft, jetzt nähert sie sich mit großen Schritten ihrem eigentlichen Karriereziel: *Leiterin der Programmierung*. Dieser Schritt ist gleichzeitig der schwierigste: Je weiter sie in der Hierarchie nach oben

Check-Liste: Realisierung mittelfristiges Karriereziel

Aufgaben der Gruppenleiterin:	– *Überwachung der Projekte, die zur eigenen Gruppe gehören;* – *Delegation von Aufgaben;* – *Koordination dieser Projekte;* – *regelmäßige Präsentation der Projekte beim Abteilungsleiter;* – *Mitarbeiter sind fachlich unterstellt, nicht disziplinarisch.*
Anforderungen an eine Gruppenleitung:	– *Umfassende Fachkenntnisse und Projektkenntnisse;* – *Führungserfahrung aus Projektleitung;* – *Einblick in Zielsetzung des Unternehmens: Welche Bedeutung haben diese Projekte für die Unternehmensziele;* – *Zusammenarbeit mit anderen Gruppen.*
Eigenes Know-how:	– *Führungserfahrung aus Projektleitung: 9 Monate, 1 Projekt mit Erfolg abgeschlossen;* – *Umfassende Fachkenntnisse.*
Wie Ziel Gruppenleitung erreichbar?	– *Weitreichende Projekterfahrung und Kenntnisse über Projektgestaltung sowie Projektabläufe;* – *Beschäftigung mit Zielen des Unternehmens;* – *erweitertes Führungswissen: Seminare und Literatur;* – *Aufnahme in Gruppe der Führungsnachwuchskräfte;* – *mit Personalabteilung klären, ob im gewünschten Zeitraum – etwa 15 Monate – eine entsprechende Stelle zur Disposition steht; wenn ja, entsprechende Weiterbildungsveranstaltungen besprechen;* *Wenn nein: Stimmt Zeitraum nicht, oder warum: Klären!*

Check-Liste: Realisierung langfristiges Karriereziel

Aufgaben der Abteilungsleiterin:	– *Vergabe und Überwachung der einzelnen Projekte;* – *Kontakte zu allen anderen Abteilungen im Hause pflegen, enge Kontakte insbesondere mit den Kollegen und Kolleginnen, für deren Abteilungen Projekte durchgeführt werden;* – *Mitarbeiterplanung, Einsatzplanung;* – *Weiterbildungspläne für Mitarbeiter;* – *Budgeterstellung;* – *Berichterstattung nach oben;* – *Führung der Mitarbeiter: fachlich und disziplinarisch.*
Anforderungen an eine Abteilungsleitung:	– *Generelles Fachwissen,* – *spezielles Führungswissen,* – *umfassende Unternehmenskenntnisse,* – *Branchenkenntnisse.*
Eigenes Know-how:	– *Umfassende Fachkenntnisse,* – *erste Führungserfahrung als Projektleiterin und Gruppenleiterin,* – *begrenzte Kenntnis der Unternehmensziele,* – *begrenzte Branchenkenntnisse.*

Wie Ziel Abteilungsleitung erreichbar?	– *Ausbau der speziellen Leistung, Führungskenntnisse auf Seminaren erweitern:*
	  – *Führung von Mitarbeitern,*
	  – *Kommunikation mit Mitarbeitern,*
	  – *Motivation der Mitarbeiter,*
	  – *Beurteilung der Mitarbeiter;*
	– *Moderne Arbeitsmethoden, moderne Arbeitstechniken aneignen in Seminaren;*
	– *Organisationstechniken vertiefen;*
	– *Planungsinstrumente beherrschen;*
	– *EDV-Kenntnisse up-to-date halten;*
	– *Branchenkenntnisse erweitern.*

steigt, um so größer werden einerseits die Anforderungen, um so knapper werden auch die möglichen Arbeitsplätze. Mit vollem Elan heißt es nun, dieses endgültige Ziel anzupeilen. Drei Jahre rechnet die Frau ungefähr dafür ein. Also muß sie sich wieder eine Check-Liste erstellen, was sie in diesen drei Jahren alles lernen muß.

Günstig ist es für die EDV-Frau, sich zusätzlich einen Zeitplan für den Besuch der gewünschten Weiterbildungsseminare zu erstellen, der natürlich abhängig ist vom Angebot der jeweiligen Veranstaltungen.

Auch für den Sprung von der Gruppenleitung zur Abteilungsleitung gilt: zuerst in der Gruppenleitung bewähren, dann geht es weiter voran. Der letzte Karriereschritt muß natürlich ebenfalls mit der Personalabteilung abgestimmt werden. Steht die gewünschte Stelle nicht zur Disposition, muß nach cirka drei bis vier Jahren ein Unternehmenswechsel in Betracht gezogen werden.

Selbst wenn die Personalabteilung die Übernahme einer Abteilungsleitung vorsieht, können Sie nicht unbedingt davon ausgehen, daß dieser Fall auch eintritt. Deshalb müssen Sie sich immer rechtzeitig wappnen, und Gegenmaßnahmen in Ihre Planung mit einbeziehen.

Zur Erleichterung Ihrer eigenen Karriereplanung folgen **Check-Listen für Sie zum Ausfüllen:**

Check-Liste: Konkrete Karriereziele

Mein Beruf:
Meine Branche:
Meine berufliche Ausbildung:
Meine Karriereziele: – kurzfristig – mittelfristig – langfristig

Check-Liste: Realisierung kurzfristiges Karriereziel

Mein Ziel:
Aufgaben in dieser Position:
Anforderungen an diese Position:
Mein Know-how:
Wie kann ich das Ziel erreichen?

Check-Liste: Realisierung mittelfristiges Karriereziel

Mein Ziel:
Aufgaben in dieser Position:
Anforderungen an diese Position:
Mein Know-how:
Wie kann ich das Ziel erreichen?

Check-Liste: Realisierung langfristiges Karriereziel

Mein Ziel:
Aufgaben in dieser Position:
Anforderungen an diese Position:
Mein Know-how:
Wie kann ich das Ziel erreichen?

Ihre Planung steht, ebenfalls die Zeiträume, in denen Sie die einzelnen Teilziele erreicht haben wollen. Werden Sie nicht ungeduldig, wenn ein Teilziel einmal aus unternehmensbedingten Gründen länger auf sich warten läßt. Allerdings: Länger als zwei Jahre sollten Sie Ihr Ziel niemals überschreiten. Warten Sie nämlich mit dem nächsten Karrieresprung zu lange, könnten Ihre besten Chancen bereits vorbei sein. Setzen Sie aber die Ziele auch nicht zu kurzfristig an. Erst müssen Sie sich in einer Position bewähren, bevor Sie die nächste Stufe in Angriff nehmen können. Sie müssen sich selbst sicher sein, daß Sie die nächste Hürde nehmen können. Sonst werden Sie unweigerlich scheitern.

Deshalb sollten Sie auch immer wieder die eigenen Karriereziele und die berufliche Wirklichkeit miteinander vergleichen.

Leisten Sie das, was Sie wollen und können. Oder bleiben vielleicht Ihre Leistungen hinter Ihren geheimen Wünschen zurück? Wenn ja, heißt es: Die Planung erweitern um die eigenen Mängel, die erst jetzt von Ihnen erkannt worden sind. Beziehen Sie generell einen Stellenwechsel in Ihre Planung mit ein. Es wäre zu schön um wahr zu sein, wenn Sie bereits im ersten Unternehmen alle Ihre Karrierewünsche erfüllen könnten. Planen Sie auch immer frühzeitig *Gegenstrategien.*

Zurück zum Beispiel der Organisationsprogrammiererin: Merkt die Frau, daß sie zwar das Talent zur Projektleiterin hat, der Chef ihr aber keine Chance geben will, sollte sie sich schnellstmöglich nach einem anderen Arbeitgeber umschauen. Im Einstellungsgespräch sollte sie bereits auf ihre Karriere-Vorstellungen verweisen und nach den Entwicklungsmöglichkeiten im Hause fragen.

Mündliche Zusagen sind natürlich nicht juristisch einklagbar, aber zumindest weiß sie, ob dieses Unternehmen überhaupt für einen beruflichen Ausbau für sie in Frage kommt oder nicht.

Keine Frau wünscht ihn sich, aber keine Berufstätige ist dagegen gefeit: gegen den berühmt-berüchtigten *Karriereknick.* Vielleicht wechselten Sie voller Zuversicht das Unternehmen und es passiert etwas, was nicht vorhersehbar war: Ihr Vorgesetzter, der Sie eingestellt hat, verläßt nach kurzer Zeit das Unternehmen, ein Neuer kommt, mit dem Sie persönlich überhaupt nicht klar kommen. Was tun in so einer Situation? Das Wichtigste ist: Die Nerven behalten, das Karriereziel nicht aus den Augen verlieren. Sehen Sie für sich in diesem Unternehmen keine Möglichkeiten zum Weiterkommen mehr, heißt es gute Arbeit leisten, nicht anecken und Bewerbungen schreiben. Allerdings: Mindestens zwei Jahre sollten Sie schon an diesem jetzt ungeliebten Arbeitsplatz ausharren. Denn das Job-hopping sieht keine Personalabteilung gerne.

Lassen Sie sich nicht von einer ungünstigen Situation entmutigen. Sie haben Ihren Weg bis hierhin geschafft, Sie schaffen auch die weiteren Etappen. Manchesmal geht die Karriere eben nur über Umwege. Dann heißt es, die Geduld behalten und zäh auf das gesetzte Ziel zuarbeiten. Sie wissen, einsatzbereite Mitarbeiter und gute Fachleute sind überall gefragt. Das ist Ihr Plus, auch wenn der erneute Stellenwechsel nicht von heute auf morgen durchgeführt werden kann.

2 Die eigene Persönlichkeit

Der Zusammenhang zwischen Hochleistungen am Arbeitsplatz und der eigenen Persönlichkeit ist offensichtlich: Menschen mit schwacher Persönlichkeit schaffen den Sprung an die berufliche Spitze nicht. Eine Führungskraft benötigt ganz spezielle Fähigkeiten und Eigenschaften. Sie unterscheidet sich von der Masse der anderen Mitarbeiter kraft ihrer Individualität. Ihre berufliche Begeisterung spornt die Mitarbeiter zu guten Leistungen an, ihr Engagement überzeugt die anderen und reißt sie mit. Ihr Können motiviert andere. Eine Führungskraft gehört zu den Menschentypen, die in der Herausforderung das Positive sehen, und nicht zu der Spezies, die vorrangig Negatives im Leben entdeckt.

Eine fähige Managerin zeichnet sich allerdings nicht dadurch aus, daß sie alles kann und vor allen Dingen alles besser kann, als ihre Mitarbeiter. Die Frau eignet sich zur Führungskraft, die sich selbst kennt, sich im klaren ist über eigene Schwächen und Stärken, und die sich mit allen ihren Vorzügen und Nachteilen akzeptiert. Freilich darf sie nicht mit den eigenen Fehlern kokettieren. Die Frau, die ihre Mängel kennt, kann dagegen ankämpfen und mit ihnen umgehen.

Grundlegende Bedingung dafür ist: Sie müssen sich selbst analysieren. Beschäftigen Sie sich mit Ihren eigenen Stärken und Schwächen. Drei Eigenschaften Ihres Charakters werden im Berufsleben besonders gebraucht: Rationalität, Emotionalität und Kreativität. Finden Sie mit Hilfe der auf den folgenden Seiten abgebildeten Check-Listen die *eigenen Stärken und Schwächen* heraus.

Ergänzen Sie die erste Liste um die *vier rationalen Eigenschaften,* die Sie in Ihrem persönlichen Arbeitsfeld besonders benötigen. Und bringen Sie die jetzt alphabetisch geordneten Eigenschaften in die Reihenfolge, wie es den Anforderungen in Ihrem Beruf entspricht. Müssen Sie sich höchst selten mit Zahlen beschäftigen, dann stellen Sie die Punkte Kalkulieren und Rechnen an das Ende Ihrer Liste, ist Ihre Tätigkeit stark mit organisatorischen Dingen behaftet, so stellen sie das Organisieren an den Anfang. So erhalten Sie Ihre eigene Rangfolge und sehen, wo Sie an sich arbeiten müssen.

Check-Liste: Rationale Eigenschaften

Rationale Eigenschaften z. B.:	stark	schwach
Analysieren		
Aufnahmefähigkeit		
Formulieren		
Kalkulieren		
Konzentrationsfähigkeit		
Organisieren		
Rechnen		

Auch die folgende Liste sollten Sie wieder um die speziell für Ihren Berufsbereich wichtigen Punkte ergänzen und in eine für Sie sinnvolle Reihenfolge bringen.

Check-Liste: Emotionale Eigenschaften

Emotionale Eigenschaften z.B.:	**stark**	**schwach**
Anpassungsfähigkeit		
Beziehungen aufbauen		
Kommunikationsfähigkeit		
Kritikakzeptanz		
Kritikfähigkeit		
eigene Motivation		
Motivationsfähigkeit		
Verstehen mit Mitarbeitern, Kollegen und Vorgesetzten		
Zuhören		

Check-Liste: Kreative Eigenschaften

Kreative Eigenschaften, z.B.:	stark	schwach
neue Denk-Ansätze finden		
neue Ideen haben		
neue Lösungen erarbeiten		
schnelles Verstehen		

Natürlich ist die Bandbreite Ihrer persönlichen Fähigkeiten wesentlich breiter gefächert, doch speziell die genannten Eigenschaften benötigen Sie als karrierebewußte Arbeitnehmerin. Dort, wo Sie Mängel oder starke Schwächen aufweisen, sollten Sie sich für Seminarveranstaltungen interessieren.

2.1 Den Arbeitsstil finden

Die Art und Weise der Arbeit prägt die Persönlichkeit und hinterläßt bei Mitarbeitern und Vorgesetzten einen positiven oder einen negativen Eindruck. Wenig Sinn hat es, sich den Arbeitsstil anderer, vielleicht von bewunderten Kollegen, anzueignen; denn: Individuum und Arbeitsweise müssen zusammenpassen. Prinzipiell geht es darum, ruhig und gewissenhaft, sicher und gezielt, konzentriert und kontinuierlich eine Aufgabe in Angriff zu nehmen. Jede Berufstätige muß ihren eigenen Arbeitsstil finden. Zusätzlich muß sich eine Karrierefrau auf andere und deren Arbeitsstil einstellen können. Das gilt für Mitarbeiter, Kollegen und Vorgesetzte genauso wie für Kunden und Lieferanten.

Jeder Mensch besitzt individuelle Eigenheiten. Je schneller eine Führungskraft Stärken und Schwächen der anderen herausfindet und analysiert, um so unproblematischer gestaltet sich die Zusammenarbeit. Je wichtiger die betreffenden Personen sind, um so mehr Mühe sollten Sie auf das Erkennen der Fähigkeiten und des Wissens der anderen verwenden. Eine Managerin muß sich mit einem großen Kreis verständigen können. Und die Kommunikation gelingt um so besser, je mehr sie sich in ihr Gegenüber hineinversetzen kann. Dann unterlaufen ihr wesentlich weniger Fehler.

Aus etlichen Pannen hat *Dietlinde V.*, 39 Jahre alt, Einkaufsleiterin in einer Maschinenfabrik, gelernt. Unter anderem ist Dietlinde V. mit ihrer Abteilung zuständig für die Ermittlung von Bezugsquellen für Roh-, Hilfs- und Betriebsstoffe und für eine entsprechende Vorauswahl. Üblicherweise erledigt Herr N. aus der Abteilung diese Arbeit und bespricht dann alles mit seiner Chefin. Doch Herr N. fällt wegen Krankheit für längere Zeit aus, eine Vertretung muß bestimmt werden. Dietlinde V. entscheidet sich für Herrn W. Was sie in der Eile vergißt: Herr W. spricht kein Englisch, außerdem hat er Hemmungen beim Telefonieren, im Formulieren von schriftlichen Angebotsanfragen ist er nicht geübt. Diese Eigenschaften und Fähigkeiten müßte er aber besitzen. Dietlinde V. merkt ihre Versäumnisse erst nach rund zwei Wochen, als sich aus den Fachabteilungen die Nachfragen häufen: Wo bleiben die Angebote? Es gibt Verstimmungen, zum Glück kann sie noch rechtzeitig eingreifen. Hätte sie sich früher gründlicher mit den Eigenschaften und Kenntnissen von Herrn W. beschäftigt, wäre ihr dieser Fehler nicht unterlaufen.

Den eigenen Arbeitsstil finden und mit seiner vorgegebenen Arbeitszeit auszukommen sind zwei Seiten einer Medaille. Nur die Frau, die ihre passende Arbeitsweise findet, kann mit ihrer knappen Zeit richtig haushalten. Ganz wichtig ist es, sich selbst *Prioritäten* zu setzen. Nehmen Sie sich beispielsweise vor: Die wichtigsten und/oder die unangenehmsten Aufgaben erledige ich jeden Tag zuerst, erst danach will ich die Routinearbeiten vom Schreibtisch bringen.

So nutzen Sie Ihre verfügbare Zeit besser, geben auch dem Streß weniger Gelegenheit, bei Ihnen anzuklopfen.

Natürlich stehen Karrieristen immer unter Zeitdruck. Lassen Sie sich aber nicht bedrängen. Sie müssen agieren können, nicht reagieren: Teilen Sie Ihren Arbeitstag ein, planen Sie ihre Aufgaben, lösen Sie auftretende Probleme ganz analytisch und schaffen Sie sich kreative Freiräume. Sie müssen Entscheidungen treffen, die richtig sind. Und dazu benötigen Sie Zeit zum Nachdenken.

Wenn Sie in der Hetze des Tages eine Schnellschuß-Entscheidung liefern, kann die Trefferquote nur gering sein. Das ist gefährlich für den weiteren Aufstieg. Gehen Sie Entscheidungen gründlich an, und nehmen Sie sich soviel Zeit wie nötig ist, um alle Alternativen zu überprüfen.

Schaffen Sie sich kreative Freiräume am Arbeitsplatz, indem Sie das *Delegieren* lernen. Delegation ist die Aufgabenübertragung an Mitarbeiter. Sie geben dem Mitarbeiter das Ziel vor, vereinbaren gemeinsam, wie das Ziel zu erreichen ist, und Sie kontrollieren das Ergebnis. Gewiß kostet es zu Anfang Zeit und Kraft, einen Mitarbeiter in ein neues Aufgabenfeld einzuweisen. Doch die Mühe lohnt. Zusätzlich investieren Sie in Ihre eigene Karriere: Sie entlasten sich von Routineaufgaben und nehmen sich Zeit für Kreativität.

Delegieren ist leicht. Frauen müssen sich nur von der Vorstellung befreien, Delegation sei ein Hinweis auf die eigene Unfähigkeit und Unzulänglichkeit. Das ist es selbstverständlich nicht. Delegieren ist eine Notwendigkeit, wenn die eigene Arbeitszeit möglichst effektiv genutzt werden soll. Wenn Sie immer alles selbst machen wollen, werden Sie bald in der Arbeit ersticken. Das ist ein Zeichen von Unfähigkeit, nicht das Delegieren. Prüfen Sie, welche Aufgaben kann ich einem anderen übertragen, und wen wähle ich dafür aus.

Vorteile aus Ihrer Delegationsfähigkeit ziehen auch die Mitarbeiter. Da die Mitarbeiter selbst für die ihnen übertragenen Aufgaben verantwortlich sind, werden sie zusätzlich motiviert: Sie wollen ihre Aufgabe gut erledigen.

Warten Sie nicht darauf, daß Dinge auf Sie zukommen. Versuchen Sie frühzeitig bestimmte Entwicklungen, neue Trends zu erkennen, agieren Sie rechtzeitig und entwickeln Sie Eigeninitiative. Nur so können Sie andere in Zugzwang bringen und sich gleichzeitig ein günstiges Image verschaffen. Sie sind dynamisch und kreativ, Sie sind engagiert und verantwortungsbewußt, und das beweisen Sie durch *frühzeitige Vorschläge* und neue Ideen.

Und wenn Sie – in Ihrer zugegeben knappen Freizeit – ein wenig Ausgleichssport betreiben, tun Sie ein übriges für Ihre körperliche und geistige Leistungsfähigkeit.

2.2 Den Führungsstil finden

Frauen in Führungspositionen müssen ihren ganz individuellen Führungsstil finden. Das Top-Management im Unternehmen gibt Führungsrichtlinien vor. Dennoch ist der Spielraum groß genug, um in der eigenen Gruppe das persönliche Führungsverhalten durchzusetzen.

Führen und Leiten sind die bewußte und planmäßige Beeinflussung der Mitarbeiter, um die Ziele der Gruppe und letztlich die Ziele des Unternehmens zu erreichen. Die Leiterin der Abteilung Sportgeräte in einem Warenhaus setzt beispielsweise das Umsatzziel der Abteilung für die nächsten vier Wochen fest. Entsprechend muß sie eine Planung aufstellen und ihren Mitarbeitern mitteilen, wie dieses Ziel erreicht werden soll. Sie muß ihre Mitarbeiter motivieren.

Die allgemeine Führungsaufgabe heißt: Die eigene Gruppe zu aktivieren, um die gestellten Aufgaben zu bewältigen und für Zusammenhalt und Ordnung innerhalb dieser Gruppe zu sorgen.

Die speziellen Aufgaben einer Vorgesetzten sind die Zielsetzung für die Abteilung, die entsprechend zu treffenden Entscheidungen sowie die Planung, um die gesetzten Ziele zu realisieren. Die Führungskraft weckt die Initiative der Mitarbeiter, bewegt sie zum tatkräftigen Einsatz und erledigt die Verwaltungsaufgaben. Darüber hinaus regelt sie die internen Gruppenbeziehungen, schlichtet und vermittelt bei Konflikten zwischen den Mitarbeitern und ist für Anerkennung und Tadel der Gruppenmitglieder zuständig. Die Vorgesetzte repräsentiert die eigene Gruppe gegenüber anderen Abteilungen im Unternehmen sowie nach außen, und sie trägt die Verantwortung für alle Arbeiten, die innerhalb ihrer Abteilung erledigt werden. Last but not least ist sie Beispiel und Vorbild für die Mitarbeiter und ein Objekt der Identifikation: Auf ihre Person projizieren die Mitarbeiter Ängste, Aggressionen oder auch Bewunderung.

Erfolgreiche Führung schafft es, die gesetzten Ziele bei größtmöglicher Produktivität der Mitarbeiter zu erreichen. Deshalb hat die Führungspersönlichkeit die Aufgabe, die Untergebenen von der Richtigkeit der organisatorischen Zielsetzung zu überzeugen. Das gelingt der Managerin am besten, die nicht aufgrund ihrer Position, ihrer objektiven Machtgrundlage agiert, sondern die die Eigenschaften und Fähigkeiten, Bedürfnisse, Einstellungen und Probleme ihrer Mitarbeiter kennt und berücksichtigt.

Im beruflichen Alltag überwiegen Mischformen der Führungsstile. Die beiden extremen Typen sind der autoritäre und der kooperative Führungsstil. Der *autoritäre Führungsstil* zeichnet sich dadurch aus, daß sich der Mitarbeiter unterordnen muß. Sein Kompetenz- und Verantwortungsbereich sind ganz knapp bemessen, der Ermessens- und Entscheidungsspielraum ist gering. Die Mitarbeiter werden ständig überwacht und kontrolliert und sind aus diesem Grunde produktiv. Die Arbeitszufriedenheit der Mitarbeiter ist allerdings sehr gering.

Der *kooperative Führungsstil* bezieht die Persönlichkeit des Mitarbeiters und dessen Eigeninitiative stark mit ein. Die Vorgesetzte ordnet nicht willkürlich an, sondern empfiehlt, regt an, informiert und berät ihre Mitarbeiter. Die Mitarbeiter verfügen über Kompetenz und Entscheidungsvermögen im eigenen Aufgabenbereich, der Entscheidungsspielraum ist recht groß. Entsprechend zufrieden sind die Mitarbeiter am Arbeitsplatz, da ihre Person mit berücksichtigt wird.

Höchst selten kann im Berufsleben ein reinrassiger Führungsstil durchgehalten werden. Letztlich bestimmt der Charakter der Vorgesetzten die Art und Weise der Führung. Außerdem ist Führung situationsabhängig. Auch die kooperativste Führungskraft wird in manchen Fällen nicht umhin kommen, mal autoritär durchzugreifen.

Ein *Beispiel:* Die Abteilungsleiterin der Sportartikel soll auf Wunsch des Geschäftsleiters innerhalb von zwei Tagen Datenmaterial über die Stammkunden zusammenstellen. Sie bittet den Substituten, diese Aufgabe zu übernehmen. Der aber lehnt ab, weil er mit der Anzeigenwerbung beschäftigt ist, die ebenfalls in zwei Tagen vorliegen soll. Jetzt ist es eben Aufgabe der Abteilungsleiterin zu entscheiden, welche Tätigkeit Vorrang hat. Im Zweifelsfall muß sie dem Substituten sagen, welche Aufgabe er zuerst erledigen muß: Sie muß ihre Autorität einsetzen.

Erfolg als Führungskraft können Sie nur dann haben, wenn Ihr Führungsstil tatsächlich Ihrer Überzeugung entspricht. Sonst merken die Mitarbeiter Verhaltensbrüche und Ungereimtheiten, was schnell zu Unruhe in der Abteilung führt. Finden Sie den am besten zu Ihnen passenden Führungsstil heraus, und versuchen Sie nicht, andere Kollegen zu kopieren. Das kann nur schiefgehen. Setzen Sie Ihre Führungsmittel gezielt ein und mit Bedacht. Und wenn Sie dabei die Auswirkungen berücksichtigen, die Ihre Führungsinstrumente auf die Mitarbeiter haben, können Sie als Führungskraft ganz methodisch vorgehen.

Führungsinstrumente		**Folge bei Mitarbeitern**
Berufung auf Position und Aufgabe, Autoritätsgehabe	⟷	Gehorsam aus Pflicht
Sachliche Orientierung und Begründung	⟷	Einsicht, Mitverantwortung
Offenlegung der Motive	⟷	Vertrauen
ins Vertrauen ziehen	⟷	Verantwortung, Hilfsbereitschaft
persönliche Fürsorge	⟷	Dankbarkeit, Loyalität
gemeinsame Beratung	⟷	Mitverantwortung, eigener Entscheidungsfreiraum
Imponierverhalten	⟷	Einschüchterung oder Bewunderung
Vorbildfunktion	⟷	Akzeptanz
Idealisierung der Aufgabe	⟷	Begeisterung

Frauen müssen an sich arbeiten, um ihren eigenen, unverwechselbaren Führungsstil zu schaffen. Damit das gelingt, empfiehlt die Soziologin Doris Hartmann: sich klar werden über Bedürfnisse, Werte und Wünsche; die Artikulationsfähigkeit erhöhen, um die eigene Persönlichkeit transparenter und damit bewußter zu machen; sich eine Konzeption des beruflichen Wollens, von Problemlösungen und Ideen erstellen; sich ein eigenes Kommunikationskonzept entwerfen.

Doris Hartmann ist der Auffassung, daß Frauen anders führen als Männer: „Frauen nehmen viele Probleme eher und anders wahr, erledigen vieles nebenbei in einem kleinen Gespräch. Außerdem besitzen Frauen nicht so große Status- und Prestigeprobleme." Dies führe allerdings auch zu Nachteilen im Führungsverhalten: „Frauen tauchen in ihrer Gruppe gerne unter, weil sie schlecht in Distanz leben können. Deshalb müssen sie unbedingt ihren eigenen Standort definieren und diesen dann verantwortlich vertreten." Außerdem müßte sich das weibliche Geschlecht endlich mit der Macht und der damit verbundenen Verantwortlichkeit anfreunden. Die Frauen würden zwar gerne Macht ausüben, aber häufig nur ungern die Konsequenzen davon tragen. Frauen müßten lernen, auch im beruflichen Bereich allein zu ihren Entscheidungen zu stehen. Und sie müßten akzeptieren, daß sie nicht bei allen beliebt sein könnten. Gelingt das den Frauen, können sie ihren eigenen Führungsstil finden und pflegen.

2.3 Das Persönlichkeitsprofil

Ihre Persönlichkeit bringt Sie auf Karriere-Kurs. Ihre Persönlichkeit ist das Produkt, das Sie tagtäglich am Arbeitsplatz unter Beweis stellen, das Sie bestmöglich verkaufen sollten. Deswegen sollten Sie sich selbst möglichst gut kennen. Die nächste Tabelle enthält dreißig Eigenschaften. Füllen Sie diese Tabelle aus, und Sie erhalten Ihr eigenes Persönlichkeitsprofil, das Ihnen Anhaltspunkte für Ihr Selbst liefert.

Ist eine Eigenschaft bei Ihnen weder stark noch schwach ausgeprägt, dann kreuzen Sie den o-Bereich an. Ansonsten müssen Sie abschätzen, wie stark oder wie schwach die Eigenschaften bei Ihnen vorhanden sind. Glauben Sie beispielsweise, daß Ihre Aggressivität mittelprächtig ausgeprägt ist, dann kreuzen Sie das 2. Feld bei den starken Ausprägungen an. Ist Ihre Angst äußerst schwach ausgeprägt, kreuzen Sie das Feld ganz links außen an.

Verbinden Sie jetzt die angekreuzten Felder mit Linien, dann erhalten Sie Ihr Persönlichkeitsprofil: Ihr Selbstbild, das Sie von sich haben.

Mein Persönlichkeitsprofil

Eigenschaften	schwach ausgeprägt			o	stark ausgeprägt		
Aggressivität							
Aktivität							
Angst							
Anpassungsfähigkeit							
Autorität							
Ausgeglichenheit							
Begeisterungsfähigkeit							
Beeinflußbarkeit							
Belastbarkeit							
Dominanzstreben							
Ehrgeiz							
Entscheidungsfreude							
Fähigkeit zur Beeinflussung							
Geltungsbewußtsein							
Hilfsbereitschaft							
Impulsivität							
Intelligenz							
Kreativität							
Kritikfähigkeit							
Kommunikationstalent							
Kompromißtalent							
Lernbereitschaft							
Optimismus							
Risikobereitschaft							
Sensibilität							
Selbstbeherrschung							
Teamfähigkeit							
Toleranz							
Unsicherheit							
Zielstrebigkeit							

Fremdbild und Selbstbild stimmen keineswegs immer überein. Wenn Sie die folgenden zwei Tabellen auf den S. 86 und 87, die mit der von Ihnen selbst ausgefüllten völlig identisch sind, von zwei fremden Personen ausfüllen lassen, haben Sie eine Vorstellung davon, welchen Eindruck Sie auf andere machen. Weichen die Profile stark voneinander ab, sollten Sie sich ausführlich mit den anderen unterhalten, um den Grund dafür herauszufinden. Am günstigsten ist es natürlich, wenn Ihre Vorstellung von sich selbst weitgehend mit der Wahrnehmung Dritter übereinstimmt.

In den Punkten, in denen Sie von sich selbst eine günstigere Meinung haben, als die anderen, sollten Sie an sich arbeiten, damit Ihr eigenes Wunschbild tatsächlich Realität werden kann.

Gut geeignet für Aufgaben im Management sind Frauen, deren Persönlichkeitsstruktur weitgehend dem unternehmerischen Idealbild einer Führungskraft entspricht. Folgende Kriterien kennzeichnen das Ideal:

- Starke Eigenmotivation und hohes Leistungsstreben;
- Bedürfnis vorwärtszukommen, eigene Leistung soll belohnt werden;
- kein destruktives, hemmendes Verhalten gegenüber den Mitarbeitern, sondern helfend und kontrollierend;
- Zukunftsorientierung;
- Fähigkeit, unstrukturierte Situationen zu organisieren;
- Entschlossenheit gepaart mit Entscheidungsfähigkeit;
- starkes Selbstbewußtsein und große Belastbarkeit;
- Aggressivität, Aktivität;
- selbstkritisches Verhalten, Furcht vor Versagen;
- ausgeprägte Realitätsorientierung;
- Identifikation mit den Vorstellungen des Vorgesetzten, angemessene Distanz zu Untergebenen;
- Loyalität zum eigenen Unternehmen.

Je mehr Ihr eigenes Persönlichkeitsprofil sich diesem Idealbild annähert, um so bessere Chancen besitzen Sie, sich in Führungsaufgaben zu bewähren.

1. Fremdeinschätzung: Persönlichkeitsprofil von Frau . . . .

Eigenschaften	**schwach ausgeprägt**			**o**	**stark ausgeprägt**		
Aggressivität							
Aktivität							
Angst							
Anpassungsfähigkeit							
Autorität							
Ausgeglichenheit							
Begeisterungsfähigkeit							
Beeinflußbarkeit							
Belastbarkeit							
Dominanzstreben							
Ehrgeiz							
Entscheidungsfreude							
Fähigkeit zur Beeinflussung							
Geltungsbewußtsein							
Hilfsbereitschaft							
Impulsivität							
Intelligenz							
Kreativität							
Kritikfähigkeit							
Kommunikationstalent							
Kompromißtalent							
Lernbereitschaft							
Optimismus							
Risikobereitschaft							
Sensibilität							
Selbstbeherrschung							
Teamfähigkeit							
Toleranz							
Unsicherheit							
Zielstrebigkeit							

2. Fremdeinschätzung: Persönlichkeitsprofil von Frau . . . .

Eigenschaften	**schwach ausgeprägt**			**o**	**stark ausgeprägt**		
Aggressivität							
Aktivität							
Angst							
Anpassungsfähigkeit							
Autorität							
Ausgeglichenheit							
Begeisterungsfähigkeit							
Beeinflußbarkeit							
Belastbarkeit							
Dominanzstreben							
Ehrgeiz							
Entscheidungsfreude							
Fähigkeit zur Beeinflussung							
Geltungsbewußtsein							
Hilfsbereitschaft							
Impulsivität							
Intelligenz							
Kreativität							
Kritikfähigkeit							
Kommunikationstalent							
Kompromißtalent							
Lernbereitschaft							
Optimismus							
Risikobereitschaft							
Sensibilität							
Selbstbeherrschung							
Teamfähigkeit							
Toleranz							
Unsicherheit							
Zielstrebigkeit							

2.4 Das Umgehen mit Konflikten

Die karrierewillige Frau muß den Umgang mit Konflikten lernen. Mädchen lernen während ihrer Erziehung meist sehr gut das Vermeiden von Konflikten. Deshalb entziehen sich Frauen einer Konfliktsituation lieber als sie auszutragen. Das macht sich beim späteren Start in die Karriere negativ bemerkbar. Aus langjähriger Erfahrung weiß Ernst O. Storck, Personalleiter bei der Procter & Gamble GmbH: „Frauen zeigen in geringerem Maße *Konfliktbereitschaft.* Sie neigen eher zur Konfliktvermeidung. Das kann zwar die bessere Strategie sein, setzt aber ein sehr geschicktes Vorgehen voraus. Männer dagegen können sich ergebende Verstimmungen leichter wegstecken. Der Konflikt wird ausgetragen, am nächsten Tag ist alles wieder vergessen. Frauen reagieren sensibler. Werden sie von Kollegen oder Vorgesetzten angeschossen, bleibt immer eine persönliche Betroffenheit zurück. Es dauert länger, bis dieser Zwischenfall wieder abgebaut wird." Und dieser Unterschied macht sich bereits in den Bewerbungsgesprächen bemerkbar.

Bei den Einstellungen in Sachen Führungsnachwuchs wird nämlich das Thema Konfliktbereitschaft – und das Markenartikelunternehmen aus Schwalbach/Taunus wird nicht das einzige sein – bereits ganz diskret abgeklopft. Zu Recht: Eine Führungskraft muß immer wieder Konflikte ausstehen und bewältigen.

Konflikte sind Inhalt eines jeden Arbeitslebens, auf jeder hierarchischen Ebene treten sie auf. Die Konfrontation mit Konflikten beginnt schon beim Berufsstart. Nur ist die Anfängerin nicht für die Klärung der Probleme verantwortlich. Eine Gruppenleiterin aber muß bereits in ihrem Team auftretende Konflikte schlichten.

Anneliese K., 37 Jahre alt, Junggesellin, Gruppenleiterin Finanzbuchhaltung in einem mittelgroßen Metallunternehmen, hat in ihrer Mannschaft zwei Mitarbeiter, die nicht zusammenarbeiten wollen. „Etwa vier Monate lang habe ich versucht, die Zusammenstöße der beiden nicht zu registrieren. Ich wußte nicht, was ich dagegen tun sollte. Dann wurde die Arbeit von den beiden nicht mehr fristgerecht erledigt. Ich mußte aktiv werden. Also rief ich sie zu mir, sprach sie auf ihr schlechtes Verhältnis zueinander an. Nach kurzer Zeit wurden beide laut, hatten hochrote Köpfe. Jeder versuchte, dem anderen die Schuld für die mangelnde Zusammenarbeit in die Schuhe zu schieben. Nach einer halben Stunde brach ich das Gespräch ab – ohne Erfolg. Ich war wütend auf mich selbst, weil ich die Streithähne nicht unter Kontrolle hatte. Gleichzeitig war ich verzweifelt. Ich wußte nicht, wie soll ich mich nun verhalten." Sie tat nichts, wartete ab. Wenig später machte der Abteilungsleiter Anneliese K. massive Vorwürfe. Ihre Gruppe habe zu viele Rückstände, sie müsse sich endlich um pünktliche Arbeitsleistungen bemühen. Nochmals rief sie die Widersacher zu sich, jetzt allerdings einzeln. In den beiden Zweiergesprächen kristallisierte sich heraus, daß keiner der beiden gewillt war, dauerhaft mit dem anderen zusammenzuarbeiten. Die beiden konnten sich einfach nicht leiden. Jetzt fand Anneliese K. die Lösung ihres Problemes: Sie setzte einen der Mitarbeiter in ein anderes Zimmer, betraute ihn mit einem anderen Teilgebiet. Alle Mitarbeiter des Teams waren mit dieser Lösung einverstanden. Besser wäre es allerdings gewesen, die Gruppenleiterin hätte sich bereits vor dem Rüffel ihres Chefs mit der gespannten Situation auseinandergesetzt. Der berechtigte Anpfiff wäre überflüssig gewesen, genauso das Gefühl, wieder einen Fehler gemacht zu haben.

Konfliktsituationen treten nicht nur bei den eigenen Mitarbeitern auf, sondern auch in der Zusammenarbeit mit den Kollegen auf gleicher Ebene und mit den Vorgesetzten. Vertreten Sie in Fachfragen immer sachlich und hart Ihre Überzeugung. Lassen Sie sich nicht vorzeitig von anderen überreden. Weichen Sie erst dann von Ihrer Meinung ab, wenn die Argumentation der Kontrahenten Sie tatsächlich überzeugt hat. Bereiten Sie sich auf Diskussionen und Konferenzen ausführlich vor. Legen Sie sich für Ihre eigene Argumentation zumindest eine gedankliche Liste an, gehen Sie im vorhinein mögliche Einwände durch. Durch diese Arbeitsweise können Sie prüfen, ob Ihre Argumente wirklich stichhaltig sind, oder ob Ihre Strategie Schwächen aufweist.

Sie sind *beispielsweise* Abteilungsleiterin Rechnungswesen in einem Kosmetikunternehmen. Für Ihre dreißig Mitarbeiter möchten Sie Personalcomputer einführen, weil Sie den Arbeitsablauf rationalisieren wollen. Sie wissen, in diesem Jahr ist für Ihre Abteilung keine größere Investition geplant. Dennoch bitten Sie den Geschäftsführer um ein Gespräch. Wie erwartet, blockt der Chef die Bitte zuerst ab. Doch Sie haben Ihre Argumente parat. Sie können die Arbeitsüberlastung Ihrer Abteilung detailliert belegen. Sie verweisen auf die zwei möglichen Alternativen: entweder eine neue Arbeitskraft einstellen oder die technischen Helfer erwerben. Außerdem bieten Sie als besondere Zugabe an, daß die notwendigen Statistiken und Auswertungen dank EDV schneller und exakter als in der Vergangenheit vorliegen könnten. Der Geschäftsführer wird Ihre geplante Investition nicht ablehnen. Ihr Vorschlag war berechtigt, Sie sind einem Konflikt auf vernünftige Art und Weise aus dem Weg gegangen.

Können Sie – wie viele Frauen mit Ihnen – Konfliktsituationen nur schlecht bewältigen, sollten Sie Ihr eigenes Verhalten prüfen. Die folgende Check-Liste hilft Ihnen dabei.

Check-Liste: Konflikte

Wieso ist der Konflikt eingetreten?	
Wie habe ich mich in der Konfliktsituation verhalten?	
Was war an meinem Verhalten richtig?	
Was war an meinem Verhalten falsch?	
Was will ich in Zukunft besser machen?	

2.5 Das eigene Gleichgewicht finden

Den Grundstein für eine mögliche Karriere haben Sie sich gelegt. Jetzt heißt es prüfen, ob Ihre Bedürfnisse und Ihre Fähigkeiten zusammenpassen. Nur wenn beides miteinander harmoniert, können Sie tatsächlich einen erfolgreichen Berufsweg einschlagen und dabei zufrieden werden. Hervorragende Fachkenntnisse, gute Führungseigenschaften und starker Wille können Sie dazu bringen, den Aufstieg auf der Karriereleiter anzutreten. Ungetrübten Genuß an Ihrem Erfolg haben Sie jedoch nur, wenn Sie sich mit Ihrem Beruf identifizieren, wenn Sie tatsächlich das Bedürfnis verspüren, Karriere machen zu wollen. Ist das nicht der Fall, werden sich immer wieder Zweifel an der Richtigkeit Ihrer Entscheidung einstellen. Das ist nicht gut. Der Beruf fordert Ihre volle Aufmerksamkeit.

Überprüfen Sie deshalb in kurzfristigen Zeitabständen – etwa von einem Jahr – regelmäßig, ob Wunsch und Wirklichkeit bei Ihnen noch zusammenpassen. Die folgenden Fragen unterstützen Sie ganz spielerisch bei der Suche nach Ihren tatsächlichen Wünschen und Bedürfnissen.

Bin ich ein Karriere-Typ?

	Ja	**Nein**
1) Ist der Beruf Teil meines Lebensplanes?		
2) Habe ich eine Berufsplanung?		
3) Will ich mich beruflich engagieren?		
4) Wünsche ich mir beruflichen Erfolg?		
5) Möchte ich Macht und Entscheidungsbefugnis am Arbeitsplatz?		
6) Paßt mein Arbeitsumfeld zu mir?		
7) Bin ich bereit, Neues zu lernen?		
8) Möchte ich Mitarbeiter führen?		
9) Akzeptiere ich Risiken?		
10) Kann ich Familie und Beruf vereinbaren?		

Interpretation Ihrer Antworten:

- Alle 10 Fragen mit „Ja" beantwortet:
  Ihre Voraussetzungen für eine Karriere sind bestens, realisieren Sie Ihre Wünsche.
- Frage Nr. 2 mit „Nein" beantwortet, alles andere mit „Ja":
  Erstellen Sie sich eine Berufsplanung, sonst wird es nichts mit der Karriere.
- Fragen Nr. 2, 3, 4, 5 und 7 mit „Nein" beantwortet, sonst „Ja":
  Sie sind der klassische Anti-Karriere-Typ; Sie arbeiten nur des Geldes wegen, nach Höherem streben Sie nicht.
- Frage Nr. 6 mit „Nein" beantwortet, sonst nur „Ja":
  Suchen Sie sich einen neuen Arbeitsplatz, dann steht einer möglichen Karriere nichts mehr im Wege.
- Frage Nr. 8 mit „Nein" beantwortet, sonst nur „Ja":
  Suchen Sie sich eine Spezialisten-Aufgabe oder prüfen Sie, ob Sie nur Angst vor Führungsaufgaben haben und wenn ja, warum.
- Frage Nr. 9 mit „Nein" beantwortet, sonst nur „Ja":
  Sie besitzen durchaus Karriere-Willen. Arbeiten Sie an sich, mit Risiken können auch Sie leben.
- Fragen Nr. 1, 2 und 10 mit „Nein" beantwortet, sonst „Ja":
  Ihre Privatsphäre ist Ihnen am wichtigsten. Versuchen Sie nicht, Karriere um jeden Preis zu machen.

Es besteht durchaus die Möglichkeit, daß sich Ihre Lebensvorstellungen im Ablauf der Jahre verändern können. Waren Sie noch mit Mitte Zwanzig fest davon überzeugt: Nur ein ausgefülltes Berufsleben, kann mir Lebenszufriedenheit verschaffen, können Sie Ihre Prioritäten zehn Jahre später ganz anders setzen. Der Wunsch nach Kindern kann sehr groß werden, auch wenn Sie zu einem früheren Zeitpunkt eine Schwangerschaft gar nicht in Betracht gezogen haben. Umgekehrt kann es sein, daß Sie sich mit Zwanzig nur ein Leben als Mutter und Hausfrau vorstellen konnten, doch acht Jahre später plötzlich das berufliche Engagement entdecken.

Oder Sie merken, daß Sie mit Ihrer erreichten Position rundum zufrieden sind. Sie haben sich die ersten beruflichen Sporen bereits verdient, sind vielleicht Abteilungsleiterin in einer kleinen Werbeagentur. Höher wollen Sie nicht mehr kommen.

Gestehen Sie sich diese Bedürfnisse ein. Lassen Sie sich nicht dazu verleiten, Karriere-Ansprüche zu befriedigen, die Sie gar nicht besitzen. Und gehen Sie vor allem nicht das Risiko ein, zu frühzeitig eine zu hoch angesiedelte Position zu übernehmen, für die Sie sich noch nicht reif und erfahren genug fühlen. Das kann nur zu Schwierigkeiten führen.

Personalberater Carl H. Liebrecht gibt allen berufsbewußten Frauen den Tip: „Machen Sie nicht Karriere um jeden Preis. Wenn sich jemand an einem bestimmten Arbeitsplatz wohlfühlt und gut ist in diesem Aufgabenbereich, dann sollte er auch auf diesem Platz bleiben. Unter Umständen muß man auch mal so mutig sein, eine angebotene Beförderung abzulehnen. Niemand sollte sich selbst verheizen oder verheizen lassen. Ich hatte zu viele Kandidaten bei mir, die nach rund 18monatiger Erfahrung in einer Position schon die nächste Stufe nehmen wollten. Und das geht häufig schief. Jeder sollte immer wieder selbst mit sich Einkehr halten, die eigenen Stärken und Schwächen abklopfen, und zumindest solange in einer Position bleiben, bis sich der Erfolg oder auch der Mißerfolg der selbst initiierten Dinge herausstellt. Wer immer nur kurzfristige Reaktionen erfährt und nie die langfristigen Auswirkungen abwartet, der kann in späteren Jahren scheitern."

> Ihre Ziele sollten in jeder Planungsphase des Lebens den eigenen Erwartungen und den individuellen Bedürfnissen entsprechen. Das ist gerade für Frauen wichtig, die mit größerer Unsicherheit das Berufsleben erobern als Männer. Akzeptieren Sie kein Beförderungsangebot Ihres Unternehmens, wenn es nicht Ihrem eigenen Willen entspricht. Sie sollten nie mehr von sich wollen, als Sie sich selbst zutrauen!

Ist Ihr Arbeitgeber mit dieser Entscheidung nicht einverstanden, suchen Sie sich lieber einen anderen Arbeitsplatz, als eine Aufgabe gegen Ihre Überzeugung zu akzeptieren. Erfolgreich können Sie nur arbeiten, wenn Sie eine neue Herausforderung ganz entschlossen annehmen. Karriere ist wichtig, aber Sie sind ein Mensch mit eigenen Wünschen und Vorstellungen. Und bei allem Ehrgeiz sollten Sie dennoch Ihrer eigenen Persönlichkeit gerecht werden. Nur Sie selbst können Ihr eigenes Gleichgewicht finden.

Seien Sie so flexibel, regelmäßig Ihre Ansprüche und Ihre Pläne miteinander zu vergleichen. Vielleicht merken Sie bei einer derartigen Gelegenheit auch, daß Ihre alten Pläne viel weniger anspruchsvoll sind, als Ihre heutigen Ziele. Auf diese Weise besitzen Sie die Möglichkeit, noch frühzeitig genug in ein Geschehen einzugreifen, Ihr eigenes Berufsleben in die richtige Richtung steuern zu können.

Die Check-Liste auf S. 94 kann Sie bei Ihren Bemühungen unterstützen.

Check-Liste: Eigenes Gleichgewicht

Welche Bedeutung hat der Beruf zum jetzigen Zeitpunkt in meiner Lebensplanung?
Wie wichtig sind zur Zeit Ehemann und Kinder in meiner Lebensplanung?
Bin ich bereit, mein Privatleben zugunsten des Berufes einzuschränken?
Welche beruflichen Bedürfnisse habe ich?
Welche Anforderungen – z. B. an Fort- und Weiterbildung – stelle ich an meinen Arbeitgeber?
Welche Erwartungen setzt mein Unternehmen in mich?
Stimmen meine Ansprüche mit den Erwartungen meines Arbeitgebers überein?

2.6 Der Preis des Erfolges

Eine Frau ist und bleibt eine Frau, auch wenn sie mit beruflichen Triumphen aufwartet. Noch findet die Erfolgsfrau nicht die gleiche Zustimmung und Anerkennung wie der Karrieremann. Als Ausnahmeerscheinung, als besonderen Zufall der Natur, sehen männliche und weibliche Kollegen und Bekannte die leistungsorientierte Frau an. Eine Aura des Außergewöhnlichen liegt wie ein Schleier um die Frauen, die ihren Platz in der männlichen Führungswelt gefunden haben. Dieses Gefühl, etwas Besonderes zu sein, verlockt manche Frauen dazu, auch einen Sonderstatus für sich zu fordern. Derartiges Verhalten allerdings ist den beruflichen Bestrebungen aller Frauen keineswegs förderlich. Die Wirtschaft braucht Führungskräfte, keine Primadonnen. Wenn schon die nahe Umgebung, Zeitungen und Zeitschriften die Karrierefrauen – noch – als ein Phänomen betrachten, sollten diese Frauen in ihrem eigensten Interesse versuchen, als Selbstverständlichkeit angenommen zu werden.

Das können die Frauen freilich nur erreichen, indem sie nicht auf ihr Geschlecht pochen, sondern auf ihre Unersetzbarkeit. *Berufliche Emanzipation* erreichen die Frauen erst dann, wenn kein Unternehmen sich mehr Gedanken über das Geschlecht einer Führungskraft macht: wenn Frauen und Männer nur nach Leistung und Fähigkeiten beurteilt werden. Jede Frau in einer höheren Position kann zu diesem Ziel beitragen. Die Frauen müssen zeigen: Der Beruf ist uns wichtig, wir wollen unsere Leistungsfähigkeit unter Beweis stellen, unser Können steht dem der Männer in nichts nach, wir fordern keine Sonderstellung für uns. Und Frauen müssen endlich die Bereitschaft zeigen, andere Frauen beruflich zu fördern. Unterstützung der jungen weiblichen Berufstätigen ist keine Vetternwirtschaft, sondern eine Notwendigkeit.

Der Umschwung im Denken und Handeln in den Personalabteilungen ist schon im Gange, zunehmend bieten die Unternehmen den Frauen Positionen an, die noch vor zehn Jahren ausschließlich männliches Terrain waren. Das erleichtert jetzt den Einstieg in ein anspruchsvolles Arbeitsleben. Dennoch entbindet diese Auflockerung der Traditionen die Frauen nicht von der negativen Bezeichnung Karrierefrau: „Karriere mit Stöckelschuhen“, „Mit der Handtasche in die Karriere“ oder auch „Seidenstrümpfe auf Karrierekurs“ lauten Schlagzeilen in Magazinen. Kollegial gemeinte Anspielungen im Büro verweisen Frauen immer wieder diskret auf ihren vermeintlich richtigen Arbeitsbereich, auf die Familie. Bei forschen Sprüchen von Kollegen, „Was sagt denn Ihr Mann dazu, wenn Sie heute abend mit Ihrem Geschäftsbesuch zum Essen gehen“, sollten Sie kontern nach dem Motto: „Was meint denn Ihre Ehefrau zu Ihren mehrtägigen Dienstreisen?“ Lassen Sie sich von derartigen Äußerungen nicht irritieren, zu Ihrer Aufgabe gehören das Dienstessen und die Geschäftsreise eben dazu. Nicht mehr und nicht weniger.

Und Ihr Privatleben geht die Damen und Herren Kollegen schon gar nichts an. Ob Sie Junggesellin sind, Ehefrau oder unverheiratet mit Ihrem Partner zusammenleben, ist Ihre Privatsache. Mehr und mehr beruflich erfolgreiche Frauen erfahren allerdings, daß Männer vor ihnen zurückschrecken. Die Frauen lernen einen Mann kennen, der ihnen gefällt. Doch sobald der Mann erfährt, welche berufliche Position sie einnimmt, beendet er die Beziehung: Gegen eine selbständige Frau hat er nichts einzuwenden, aber soo selbständig soll seine Wunschfrau denn doch nicht sein.

Schon mehrmals sind bei der 42jährigen *Bettina S.*, stellvertetende Geschäftsführerin eines Software-Hauses, deswegen Bekanntschaften zerbrochen. Vor zehn Jahren reichte sie nach achtjähriger Ehe die Scheidung ein: Ihr Mann wollte und konnte ihr berufliches Streben nicht akzeptieren, er wollte Kinder, sie wünschte Karriere – ohne Kinder. Selbstbewußt durchlebte sie Trennungszeit und Scheidung in der Gewißheit, einen passenden Partner zu finden. Doch je höher Bettina S. auf der Karriere-Leiter nach oben klettert, um so schwerer findet sie privaten Kontakt zu Männern: „Meine Ansprüche an einen Mann sind mittlerweile sehr hoch. Er soll ebenfalls stark in seinem Beruf engagiert sein, sein Gehalt sollte nicht unbedingt niedriger als meines sein, und er muß akzeptieren können, daß ich nicht sein Hausmädchen spielen will. Zum Hemdenbügeln und Sockenstopfen ist mir meine knappe Freizeit viel zu schade. Lerne ich mal einen Mann kennen, der viele der gewünschten Eigenschaften in sich vereint, scheitert es meist an seinen privaten Vorstellungen. Erfolgreiche Männer wünschen sich eine Ehefrau und keine Karrierefrau." Bettina S. ist nicht so ganz zufrieden mit ihrer privaten Situation, aber sie ist ehrlich zu sich selbst: „Ich habe den Berufserfolg, den ich mir ersehnt habe. Kopfzerbrechen mache ich mir um mein Single-Dasein nicht. Wenn ich ins Theater will, gehe ich eben alleine. Und ein gutes Essen schmeckt mir ebenfalls ohne einen Partner."

Viel Selbstbewußtsein und die Überzeugung, die richtige Entscheidung in Sachen Beruf gefällt zu haben, braucht die Erfolgsfrau, der keine Familie den Rücken stärkt. Aber auch das kann ein Preis des Erfolges sein.

Zu den Problemen mit den Männern im Privatleben gesellen sich die Schwierigkeiten mit dem eigenen Geschlecht im Berufsleben. Frauen haben es im Gegensatz zu den Männern noch nicht gelernt, sich auf dem beruflichen Parkett zu begegnen.

Abwehrend, voller Skepsis und angefüllt mit Kritikbewußtsein treffen Karrierefrauen mit anderen aufstiegsbewußten Frauen zusammen. Eine kumpelhafte Hilfestellung, wie es für Männer im Berufsalltag eine Selbstverständlichkeit ist, besteht nicht. Frauen müssen aber lernen, sich beruflich zu vertrauen und miteinander zurechtzukommen. Nur wenn im eigenen Geschlecht das Vertrauen demonstriert und gelebt wird, können die Frauen zunehmend wichtige Positionen in der Wirtschaft einnehmen.

Christel Karesch, Leiterin der Presseabteilung bei Procter & Gamble, formuliert dieses Problem kurz und bündig: „Wenn die Männer sagen, die Frauen trauen sich untereinander nicht, haben sie recht. Weshalb sollen dann aber die Männer den Frauen trauen?"

Dieser Satz ist provokativ, aber – leider – begründet. Viele Personaldirektoren mußten schon erfahren, daß berufsorientierte, erfolgreiche Frauen zwar begeistert von anderen Karrierefrauen sind, aber nur, wenn diese sich nicht auf der gleichen Hierarchieebene im gleichen Unternehmen bewegen. Dann wird lediglich Konkurrenz aus der eigenen Ecke gewittert, die es auszustechen gilt. Aber wie Männer fair mit gleichwertigen Konkurrenten umgehen müssen, so müssen Frauen sich gegenseitig im Berufsleben akzeptieren – und zwar auf jeder Verantwortungsstufe in einem Unternehmen.

Freundschaftliches Verhalten im Beruf ist bei den Geschlechtern höchst unterschiedlich ausgeprägt, wie Soziologen festgestellt haben. Frauen verbünden sich im beruflichen Regelfall in den statusniedrigen Positionen, Männer dagegen erst in statushohen Rängen.

Dieses unterschiedliche Verhalten liegt in der Erziehung, der Tradition begründet. Die Gesellschaft erwartet von den Frauen, daß die Familienharmonie die Hauptrolle in ihrem Leben zu spielen hat, nicht der Ehrgeiz im Berufsleben liegt. Bei den Männern ist es umgekehrt: Der erfolgreiche Mann ist der, der sich Karriere auf die Berufsfahne schreiben kann.

Und weil dieses Erfolgsbewußtsein bei den Männern so stark ausgeprägt ist, vermuten sie bereits auf den unteren Ebenen in jedem Kollegen unwillkommene Konkurrenz. Gehört „Mann“ allerdings selbst zu den Erwählten, die in den erlauchten Kreis der Führungskräfte – je höher desto besser – vorgestoßen sind, kann er es sich generös erlauben, anderen Erfolgreichen positiv gegenüberzustehen: „Mann“ hat schließlich die an ihn gestellten Erwartungen erfüllt.

Beim weiblichen Geschlecht stellt dagegen nach wie vor die Karrierefrau die Ausnahme dar, die die Regel bestätigt. Deshalb kehrt sich das Verhalten dem eigenen Geschlecht gegenüber auch völlig um.

Frauen sind es zudem noch nicht gewöhnt, unter einem Chef zu arbeiten, der eine Chefin ist. Das führt auch zu der keineswegs seltenen Managerinnen-Aussage à la Anna N., die da lautet: „Männer haben meiner Karriere nie Steine in den Weg gelegt, eher schon Frauen“.

Genau dieses gegenseitige Mißtrauen erschwert es den Frauen, sich im Unternehmen ein Netzwerk von männlichen und weiblichen Nachwuchskräften zu bilden.

Doch Frauen stellt sich die Aufgabe, das Miteinander im Berufsleben zu lernen, abzugehen vom Gegeneinander. IBM-Mitarbeiterin Christa Gotzian ist davon überzeugt, daß Frauen sich genauso wie Männer eine eigene Seilschaft für die nächste Erfolgsstufe sichern müssen. „Die Männer machen uns das vor. Frauen meinen immer, sie müßten alles alleine schaffen. Das ist falsch. Sie müssen sich

Frauen heranziehen, die sie in die nächste Hierarchiestufe mitnehmen können. Auch Frauen brauchen ihre sichere und vertraute Umgebung wie die Männer. Wenn das auf allen Unternehmensstufen gelingt, ist die Frau ganz an der Spitze auch nicht mehr diese große Ausnahme wie noch zur Zeit."

Bringen Frauen das in absehbarer Zeit zuwege, vermeiden sie einen weiteren kritischen Punkt, den der Erfolg mit sich bringt: die Einsamkeit der Macht.

> Führungskraft sein heißt, ständig Entscheidungen zu fällen, die günstigsten Bedingungen und Kriterien in der eigenen Abteilung für das Unternehmen zu schaffen. Natürlich besprechen Sie sich mit Ihren Mitarbeitern, versuchen Sie möglichst viele Meinungen einzuholen, bevor Sie die endgültige Entscheidung treffen. Aber irgendwann ist es soweit: Sie müssen sich zwischen den Alternativen entscheiden, müssen ja oder nein sagen. Niemand kann Ihnen dabei helfen, Sie sind alleingelassen mit Ihrem Wissen und Ihrem Instinkt. Haben Sie jedoch ein oder zwei qualifizierte Frauen in Ihrer Abteilung, die sich loyal zu Ihnen verhalten, weil auch Sie fair zu ihnen sind, können Sie Ihre beruflichen Angelegenheiten auch mal mit diesen Personen Ihres Vertrauens diskutieren. Ihre Einsamkeit nimmt ab. Sie wissen: Ich habe Mitarbeiter, die zu mir stehen, auf die ich mich fest verlassen kann.

3 Die Bewerbung

Irgendwann passiert es: Sie sind in Ihrem jetzigen Unternehmen am Ende der Karriereleiter angelangt. Weitere Aufschwünge sind in absehbarer Zeit nicht zu erwarten, die von Ihnen gewünschte Position ist blockiert.

In einer solchen Situation bieten sich zwei Möglichkeiten an:

1. Die Frau auf dem Weg nach oben kann sich über Aufstiegs-Alternativen im eigenen Unternehmen informieren.
2. Ein Unternehmenswechsel mit Sprung auf die nächsthöhere Ebene wird geplant.

Ganz risikolos ist die erste Möglichkeit, die allerdings überwiegend für Beschäftigte in Großunternehmen in Betracht kommt. Vielleicht ergibt sich eine andere günstige Karriere-Konstellation für Sie. Bietet Ihnen Ihr Unternehmen eine akzeptable Alternative an, dann prüfen Sie das Angebot und greifen Sie zu, wenn diese Karriere-Entwicklung zu Ihrer eigenen Vorstellung paßt.

Auf Karriere-Kurs bleiben Sie auch, wenn Sie Ihren Arbeitgeber wechseln. Im Zweifelsfall ist diese Lösung die beste, wenn auch die schwierigste, weil Sie sich mit neuen Gegebenheiten, neuen Mitarbeitern und neuen Vorgesetzten vertraut machen müssen.

Ganz unsichere Führungskandidatinnen können natürlich auch nach der Methode „Säge am Stuhl Deines Vorgesetzten“ agieren, aber Erfolg wird ihnen wenig beschieden sein. Denn: Wer zu solch unfeinen Mitteln greift, wird von Unternehmen für die Aufnahme in den Führungszirkel kaum vorgesehen; es mangelt an positiven Charaktereigenschaften.

Steht Ihre Entscheidung fest, wollen Sie Fuß fassen in einem anderen Unternehmen, müssen Sie sich bewerben. Günstig ist es jetzt, wenn Sie sich schon über einen längeren Zeitraum über die Situation am Arbeitsmarkt informiert haben. Denken Sie daran: Je höher Sie nach oben kommen, um so dünner wird die Luft. Oder anders: Je weiter Sie schon in Richtung Unternehmensspitze marschiert sind, um so knapper werden die Arbeitsplätze. Rechnen Sie also nicht damit, daß Ihr Stellenwechsel kurzfristig über die Bühne geht. Eine Zeitspanne von gut einem halben Jahr bis zu zwei Jahren – abhängig von Ihrer jetzigen Position – müssen Sie schon einkalkulieren.

Spätestens zu diesem Zeitpunkt macht sich auch wieder Ihre *Karriereplanung* bezahlt. Auf dem Sprung nach vorne konnten Sie verfolgen, ob die anvisierte höhere Position im eigenen Unternehmen blockiert ist oder nicht, und konnten sich entsprechend frühzeitig mit der Arbeitsmarktsituation vertraut machen.

3.1 Die Bewerbungsstrategie

Einen adäquaten neuen Arbeitsplatz finden Sie am besten über die Printmedien: In den Samstagsausgaben der überregionalen Tageszeitungen, vereinzelt auch in Wochenzeitungen und in den einschlägigen Fachzeitschriften veröffentlichen die Unternehmen ihre Stellenangebote.

Selbstverständlich sollten Sie auch Kontakt zu Ihrem Arbeitsamt aufnehmen. Die Arbeitsämter und deren Berater sind besser als ihr Ruf. In folgenden Städten existieren Fachvermittlungsdienste für besonders qualifizierte Fach- und Führungskräfte (Adressen siehe Anhang): Augsburg, Berlin, Bielefeld, Bochum, Bonn, Bremen, Dortmund, Düsseldorf, Frankfurt, Freiburg, Gießen, Göttingen, Hamburg, Hannover, Karlsruhe, Kiel, Köln, Mainz, München, Münster, Nürnberg, Oldenburg, Saarbrücken, Stuttgart und Würzburg.

Darüber hinaus gibt es in der Frankfurter Zentralstelle für Arbeitsvermittlung Sondervermittlungsstellen für Führungskräfte. Die Dienstleistung dieser Spezialisten ist kostenlos, Sie sollten diesen Service unbedingt für sich nutzen. Die Suche nach der nächsten passenden Karrierestufe ist zeitaufwendig und nervenaufreibend. Aber wer im beruflichen Aufwind segeln will, nimmt das gerne in Kauf. Besorgen Sie sich zunächst Zeitungen und Zeitschriften, in denen potentielle Arbeitgeber inserieren. Durchforsten Sie diese regelmäßig auf interessante Stellenangebote. Markieren Sie sich die Ausschreibungen, die für Sie in Frage kommen. Danach steht Ihnen eine gründliche Prüfung der Angebote bevor.

Untersuchen Sie folgende Punkte:

1. Wie wird die Position beschrieben?
   - Aufgabengebiet
   - Aufstiegsmöglichkeiten
   - Größe der Abteilung / Zahl der Mitarbeiter
   - Wem ist die Position unterstellt?
2. Wie präsentiert sich das Unternehmen?
   - Eigenanzeige
     - Branche
     - Größe: Umsatz, Beschäftigte
     - Standort
   - Anzeige über Personalberatung
   - Chiffreanzeige

3. Anforderungen an gesuchte Person?
   - Ausbildung: Schule, Hochschule, Beruf etc.
   - Alter, Berufserfahrung
   - spezielle Kenntnisse, z.B. Sprachen

Sagt Ihnen die Anzeige nach umfassender Prüfung immer noch zu, sollten Sie feststellen, ob das Angebot Ihren Kenntnissen, Fähigkeiten und Karrierewünschen für die Zukunft entspricht. Nur wenn ein Großteil der Anforderungen tatsächlich übereinstimmt, sollten Sie sich bewerben.

Denken Sie immer an die
Bewerbungsregel Nr. 1: Bewirb Dich nicht wahllos!
Passen Sie als Produkt nämlich nicht zu den Anforderungen des Unternehmens, sind Ihre Chancen, zu einem Gespräch eingeladen zu werden, sowieso gleich Null. Außerdem macht keine Führungskraft einen guten Eindruck, die sich auf eine unpassende Stelle bewirbt.

Besteht ein Gleichklang zwischen Ihren eigenen Karriereplänen, Ihrem persönlichen Angebot und der Stellenbeschreibung, dann ergreifen Sie die sich bietende Möglichkeit. Bewerben Sie sich.

3.2 Das Projekt Bewerbung

Ihre Vorbereitungen sind abgeschlossen, dann startet jetzt das Projekt Bewerbung.

Ist in der Anzeige – egal, ob es eine Eigenanzeige des Unternehmens ist oder die Anzeige eines beauftragten Personalberaters – eine Telefonnummer zu weiteren Informationen angegeben, dann machen Sie Gebrauch davon. *Notieren* Sie sich vorher die Fragen, die Sie stellen wollen. In vielen Anzeigen ist beispielsweise wenig über das Unternehmen ausgesagt. Sie wollen aber genau wissen, welche Produkte das Unternehmen herstellt, weil Sie nicht mit der allgemeinen Aussage Textilbranche zufrieden sind. Oder Sie wollen wissen, wie viele Mitarbeiter mit welcher Qualifikation die Abteilung hat, für die ein/e Abteilungsleiter/-leiterin gesucht wird.

Ist eine *Personalberatung* zwischengeschaltet, werden Sie in diesem Stadium zwar nicht den Namen des suchenden Unternehmens erfahren, aber Sie können zumindest klären, ob der Berater an Ihnen und Ihrem Werdegang überhaupt Interesse hat.

Ein kurzes Telefonat erspart Ihnen zudem ein ausführliches Anschreiben. Sie haben jetzt in Erfahrung gebracht, an wen Sie Ihre Bewerbungsunterlagen schicken müssen, und im Anschreiben können Sie sich kurz und bündig auf das stattgefundene Telefonat beziehen.

Jetzt heißt es, die Bewerbungsunterlagen zusammenzustellen.

Denken Sie an die
Bewerbungsregel Nr. 2: Die Bewerbungsunterlagen müssen komplett sein!

Eine Bewerbung ist nur dann vollständig, wenn sie enthält:
- Anschreiben
- Lebenslauf mit Lichtbild
- Kopien der Zeugnisse/Diplome
  - Schulen
  - Hochschule/Universität
  - Berufszeugnisse
- sonstige Unterlagen,
  z. B. Veröffentlichungen

Das Anschreiben

Das Anschreiben ist Ihre ganz *persönliche Visitenkarte,* der erste Kontakt zu Ihrem potentiell neuen Arbeitgeber. Hier machen Sie Marketing in eigener Sache. Sie bieten sich selbst als Produkt an. Machen Sie das gut, sonst überstehen Ihre Unterlagen noch nicht einmal die Vorauswahl.

Nehmen Sie Bezug auf die Zeitung, in der das Stellenangebot erschienen ist, das Erscheinungsdatum und nennen Sie im Bezug ein Stichwort, beispielsweise die angebotene Position.

Hatten Sie bereits telefonischen Kontakt zum Unternehmen oder der zwischengeschalteten Personalberatung, dann richten Sie das Anschreiben an die Dame oder den Herren, mit dem Sie gesprochen hatten. Wenn Sie nicht vorher telefoniert hatten, schreiben Sie als Anrede „Sehr geehrte Damen und Herren".

Im ersten Satz des Briefes sollten Sie nochmals kurz auf das Stellenangebot eingehen. Danach folgt eine Kurzbeschreibung Ihrer Person, im Anschluß daran die Begründung, weshalb Sie sich gerade für diese Position interessieren.

Das Anschreiben darf nicht länger als insgesamt eine Seite sein. Es versteht sich von selbst, daß nicht unnötig der Lebenslauf wiederholt wird. Kenntnisse, die Sie zwar besitzen, die im Stellenangebot jedoch nicht gefordert werden, gehören nicht in das Anschreiben, sondern nur in den Lebenslauf. Eine Selbstverständlichkeit ist zudem eine grammatikalisch und orthographisch einwandfreie Schreibweise.

Beispiel für ein Anschreiben

Sieglinde Mayer

Bochumer Landstraße 32
5000 Köln 41
Telefon 02 21 / 87 93 65

24. Oktober 1988

Primus Verlags GmbH
Personalabteilung
Thomas-Mann-Straße 11

4000 Düsseldorf 10

Betreff: Ihre Anzeige in der FAZ vom 22.10.1988,
Anzeigenleiter/-in Fachzeitschriften

Sehr geehrte Damen und Herren,

Sie suchen für fünf Fachzeitschriften in Ihrem Hause einen Anzeigenleiter/eine Anzeigenleiterin.

Meine praktische Berufserfahrung stammt aus meiner insgesamt zehnjährigen Berufstätigkeit in Werbeagenturen und in Verlagen. Zur Zeit bin ich stellvertretende Leiterin der Anzeigenabteilung einer Tageszeitung.
Den theoretischen Unterbau habe ich mir durch ein Studium der Betriebswirtschaft und den Besuch einer Werbefachschule erworben.

Ihr Angebot fand meine Aufmerksamkeit, da ich mich für das Metier der Fachzeitschriften interessiere.

Ich würde mich freuen, wenn wir alles Weitere in einem persönlichen Gespräch besprechen könnten.

Mit freundlichen Grüßen

Anlagen

Der Lebenslauf

In der allgemeinen Bewerbungspraxis hat sich inzwischen der *tabellarische, maschinengeschriebene* Lebenslauf eingebürgert. Wird von dem Unternehmen nicht ausdrücklich etwas anderes verlangt, etwa ein handgeschriebener Lebenslauf oder ein Lebenslauf in Aufsatzform, sollten Sie sich ebenfalls für den tabellarischen Lebenslauf entscheiden.

Diese übersichtliche Form erleichtert den Personalabteilungen die Vorauswahl. Es genügt ein Blick, um festzustellen, ob die Angaben lückenlos sind.

Im Lebenslauf sollten Sie alle Kenntnisse und Fähigkeiten erwähnen, die Sie im Laufe Ihrer Berufserfahrung gesammelt haben – unabhängig davon, ob sie unbedingt erforderlich sind oder nicht.

Bewerbungsregel Nr. 3: Der Lebenslauf muß vollständig sein!

In der rechten oberen Ecke des Lebenslaufes können Sie ein aktuelles Paßfoto von sich befestigen. Gefällt Ihnen diese Lösung nicht, können Sie Ihr Foto auch auf einem gesonderten Blatt mit Wiederholung des Namens und der Anschrift unterbringen. Die Akzeptanz von schwarz-weißen Fotos ist in Personalabteilungen übrigens größer als von Farbfotos. Deswegen besser auf das Farbbild verzichten.

Muster für einen tabellarischen Lebenslauf

Sieglinde Mayer
Bochumer Landstraße 32
5000 Köln 41
Telefon 02 21/87 93 65

Foto

L E B E N S L A U F

Persönliche Daten

Name:	Mayer, geborene Neumann
Vorname:	Sieglinde
Geburtsdatum:	10. Juni 1953
Geburtsort:	Mannheim
Familienstand:	verheiratet, keine Kinder

Schulausbildung

1960–1964	Grundschule in Mannheim
1964–1972	Gymnasium in Mannheim

Berufliche Ausbildung

9/1972–8/1975	Ausbildung zur Verlagskauffrau in der Großdruckerei Mannheim

Studium

9/1975–7/1978	Fachhochschule für Betriebswirtschaft, Ludwigshafen Abschluß: Diplom-Betriebswirt (FH)

Weiterbildung

9/1983–8/1985	Werbefachschule, Köln (Abendschule) Abschluß: Werbefachwirtin (IHK)

Berufliche Erfahrung

9/1978–6/1981	Print OHG, Wuppertal Sachbearbeiterin für Anzeigen
7/1981–9/1983	Optimus Media-Beratung, Solingen Mediaberaterin
10/1983–3/1985	Exakt Werbeagentur, Düsseldorf Mediaberaterin ab 1/1984: Leitung der Gruppe Kosmetikkunden, 5 Mitarbeiter
seit 4/1985	stellvertretende Leiterin der Anzeigenabteilung bei einer Kölner Tageszeitung, Abteilungsgröße: 12 Mitarbeiter

Sprachen

Englisch:	gut in Wort und Schrift
Französisch:	Schulkenntnisse

Sonstiges

Kündigungsfrist:	6 Monate zum Quartalsende
Ist-Einkommen:	75 000 DM p.a.

Die Zeugnisse

Die Zeugnisse, insbesondere die Berufszeugnisse, sind Ihr Aushängeschild. Werden nicht ausdrücklich beglaubigte Zeugnisse verlangt, reichen gute Kopien vollständig aus.

Zu einer Bewerbung gehören alle vorhandenen Berufszeugnisse, das letzte Schulzeugnis sowie Zeugnisse von Fachschulen oder Hochschulen.

Zertifikate, die Sie für den Besuch von Sprachkursen oder für die Teilnahme an Seminaren erhielten, haben in den Bewerbungsunterlagen nichts zu suchen.

Das Versenden Ihrer Unterlagen

Eine korrekte Bewerbung sollte immer in einem Schnellhefter mit transparentem Deckblatt verschickt werden. Wählen Sie den Schnellhefter in einer unaufdringlichen Farbe, zum Beispiel in Grau, Dunkelblau, Schwarz oder Weiß.

Machen Sie sich nicht die Mühe und stecken jedes einzelne Blatt und jede einzelne Kopie in eine Klarsichthülle. Das ist kostenaufwendig und absolut unnötig.

Die *Reihenfolge* der Unterlagen:
- Anschreiben, lose auf die abgehefteten Unterlagen in den Schnellhefter legen,
- Blankoblatt mit Name, Anschrift und Foto
  oder sofort
- Lebenslauf mit Foto,
- Zeugnisse: das Zeugnis mit dem jüngsten Datum zuerst, das älteste Zeugnis – meist Abgangszeugnis der Schule – zuletzt.

Frankieren Sie Ihren Umschlag ausreichend, und fassen Sie sich in Geduld. Die erste Auswahl benötigt immer Zeit in den Unternehmen. Eine gut funktionierende Personalabteilung wird Ihnen freilich zumindest in einem kurzen Brief den Erhalt Ihrer Unterlagen bestätigen.

Das Eigeninserat

Trotz genauen Lesens der einschlägigen Zeitungen und Zeitschriften, trotz Einschaltung des Arbeitsamtes, finden Sie nicht die auf Sie zugeschnittene Karriereposition. Dann sollten Sie ein Stellengesuch formulieren und in einer überregionalen Tageszeitung oder in einer Fachzeitschrift schalten. Wählen Sie die Zeitung oder die Fachzeitschrift, in der Sie schon häufiger Stellengesuche aus Ihrer Branche gelesen haben.

Natürlich sind Eigenanzeigen kostenintensiv. Aber Sie sind eine gute Möglichkeit, um die eigenen Chancen am Markt zu einem ganz bestimmten Zeitpunkt zu testen. Sie müssen nicht warten, bis Sie gesucht werden, Sie können selbst die Initiative ergreifen.

Ein kleiner Trost für den finanziellen Einsatz: Am Jahresende können Sie die Kosten für die Anzeige in Ihrer Steuererklärung absetzen.

Die *Größe der eigenen Anzeige* ist abhängig von der Position, die Sie anstreben. Die Anzeige für eine Abteilungsleitung sollte kleiner sein als die für eine gesuchte Geschäftsführung. Günstig sind zweispaltige Anzeigen mit einer Höhe von 4 bis 5 Zentimetern. Als Faustregel gilt: Die Anzeige darf nicht zu klein, aber auch nicht zu groß dimensioniert werden.

Schauen Sie sich in dem Medium, in dem Sie inserieren wollen, die Stellengesuche gründlich an, und entscheiden Sie sich für ein durchschnittlich großes Mittelmaß. Damit liegen Sie nie falsch.

Der *Text der Anzeige* muß klar, aber knapp gefaßt sein.

Folgende Informationen sind Pflicht in einem Eigeninserat:
- Derzeitige Position und Berufsbezeichnung,
- Branche,
- Berufserfahrung und Spezialkenntnisse,
- persönliche Daten,
- Informationen zur Ausbildung,
- Zielbeschreibung: Suche neue Aufgabe als EDV-Leiterin.

Lesen Sie die Zuschriften, die Sie erhalten, gründlich. Und: Rufen Sie an, bevor Sie Ihren kompletten Bewerbungssatz versenden. Informieren Sie sich vorher, ob sich die in Aussicht gestellte Position tatsächlich mit Ihren Plänen deckt.

Gerne antworten auch Personalberatungen auf Stellengesuche. Hier ist Vorsicht geboten. Neben den durchaus vorhandenen seriösen Unternehmen in dieser Branche gibt es viele zwielichtige Agenturen, die auf diese Art und Weise zu einem Adressenstamm kommen wollen. Versenden Sie nicht blindlings Ihre Unterlagen, sondern informieren Sie sich gerade hier telefonisch über das vorhandene Angebot. Erhalten Sie keine deutliche Auskunft, vergessen Sie diese Zuschrift.

Danach nimmt wieder der übliche Bewerbungsweg seinen Lauf.

Die Eigenbewerbung

Üblich ist sie nicht, die Eigenbewerbung für Führungskräfte. Aber gerade der unübliche Weg bringt manchmal den gewünschten Erfolg. Vielleicht haben Sie aus dem Bekanntenkreis gehört, daß das Unternehmen X seit geraumer Zeit die Position eines Gruppenleiters im Rechnungswesen besetzen will, bisher aber noch keinen geeigneten Mitarbeiter gefunden hat. Dann fassen Sie sich ein Herz und rufen die Personalabteilung an. Fragen Sie höflich an, ob Ihre Information den Tatsachen entspricht. So können Sie schnell klären, ob es Sinn hat, sich bei diesem Unternehmen zu bewerben.

Haben Sie sich in den Kopf gesetzt, die weitere Karriereleiter im Unternehmen Y zu erklimmen, aber noch nie ein Stellenangebot dieses Unternehmens gelesen, bleibt Ihnen ebenfalls nichts anderes übrig, als zum Telefonhörer zu greifen. Lassen Sie sich mit der Personalabteilung verbinden, schildern Sie kurz Ihr Anliegen und fragen, ob sich in absehbarer Zeit eine freie Position für Sie im Hause finden könnte.

Im schlimmsten Falle handeln Sie sich eine Absage ein, im günstigsten Falle erhalten Sie Ihren Traumjob.

3.3 Das erste Vorstellungsgespräch

Ihre Bewerbung erreicht das gewünschte Ziel: Das stellenanbietende Unternehmen hat einen positiven Eindruck von Ihnen gewonnen, Sie erhalten eine Einladung zu einem Vorstellungsgespräch.

Die erste Hürde ist somit überwunden, das Entree in das Unternehmen haben Sie sich mit Ihrer gründlich vorbereiteten Bewerbung verschafft. Konzentrieren Sie nun Ihre Aufmerksamkeit ganz auf dieses Treffen: Ihre persönliche Selbstdarstellung am Tage X entscheidet darüber, ob Sie für die ausgeschriebene Position tatsächlich erste Wahl sind oder nicht. Schließlich steht Ihre Karriere auf dem Spiel: Viele Patzer verzeiht Ihnen Ihr Gegenüber nicht. Bereiten Sie das Vorstellungsgespräch vor, planen Sie Ihren Antrittsbesuch.

Sie erleichtern sich die Arbeit, wenn Sie sich eine Liste anlegen, was bis zu dem Vorstellungsgespräch alles erledigt werden muß.

Memo für das Vorstellungsgespräch:

1. Termin prüfen und bestätigen.
2. Informationen über das Unternehmen besorgen, zum Beispiel den neuesten Geschäftsbericht und Prospekte.

3. Eigene Präsentation planen und üben.
4. Anreise planen und organisieren.
5. Kleidung zusammenstellen.

Schauen Sie zuerst in Ihren Terminkalender: Paßt der vorgeschlagene Zeitpunkt oder nicht? Sind Sie mit dem vorgeschlagenen Termin einverstanden, dann bestätigen Sie Tag und Uhrzeit, wenn nicht, bieten Sie alternative Termine an. Haben Sie Probleme, einen *Vorstellungstermin* während der üblichen Geschäftszeiten einzuhalten, können Sie als Führungskraft unbesorgt um einen Abendtermin, gegebenenfalls bei einer weiten Anreise auch um ein Treffen am Wochenende bitten. Dafür zeigen Personalberater und Personalabteilungen Verständnis. Schließlich kann eine Managerin nicht willkürlich mal einen Tag Urlaub nehmen. Und Ihr jetziger Arbeitgeber ahnt ja nichts von dem geplanten Stellenwechsel.

Hatten Sie sich auf die Eigenanzeige eines Unternehmens beworben, sollten Sie sich möglichst viel *Informationsmaterial* über dieses Haus besorgen. Sie sollten über folgende Punkte Bescheid wissen: Branche, Rechtsform, Standort der Zentrale, Anzahl der Beschäftigten, Umsatz, Marktanteil, Wachstumsrate, Zukunftserwartungen und größte Konkurrenten.

Ist Ihre Bewerbung an eine Personalberatung gegangen, kennen Sie vermutlich nur die Branche und nicht das Unternehmen. Dann sollten Sie sich generelle Informationen über diese Branche besorgen: Marktführer und zukünftige wirtschaftliche Erwartungen sollten Ihnen bekannt sein. Außerdem sollten Sie sich Fragen zu dem Unternehmen zurechtlegen, beispielsweise zu: Rechtsform, Standort, Mitarbeiteranzahl, Umsatz und Marktanteil.

Ein Vorstellungsgespräch ist für Sie in erster Linie eine Selbstdarstellung, Sie müssen sich möglichst gut und richtig präsentieren. Sie selbst sind das Testprodukt. Ganz kritisch betrachtet wird in einem Vorstellungsgespräch Auftreten, Selbstsicherheit, Aktivität, Kontaktfähigkeit, Durchsetzungsvermögen sowie Zielstrebigkeit der Kandidatin.

Legen Sie sich vorher Ihre eigene Präsentation zurecht, dann kommen Sie nicht ins Stottern und verheddern sich nicht, sondern hinterlassen bei Ihren Gesprächspartnern einen günstigen Eindruck.

Ihre *Selbstdarstellung* sollte folgende Bereiche umfassen:

- Persönliche Daten;
- Ausbildung;
- Berufserfahrung einschließlich besonderer Kenntnisse;
- Berufsziel und Ihren Einsatz dafür;

- Weiterbildung;
- Hobbies;
- Sonstiges, zum Beispiel Auslandsaufenthalte, Praktika.

Machen Sie sich vorher am besten ein kurzes Konzept der von Ihnen geplanten Selbstdarstellung, und tragen Sie dieses Freunden oder Bekannten vor. Sie kennen dann die Reaktion anderer und erhalten gleichzeitig Übung im Vortragen.

Ihre Anreise zu dem Unternehmen oder der Beratung sollten Sie akkurat planen. Nichts ist peinlicher, als wegen einem Stau auf der Autobahn unpünktlich zu sein. Prüfen Sie, ob Sie mit dem Auto, dem Zug oder dem Flugzeug anreisen müssen.

Kalkulieren Sie bei einer Autofahrt ausreichend Zeit ein. Bitten Sie um einen Lageplan des Unternehmens, oder kaufen Sie sich einen Stadtplan von diesem Standort. In jedem Sekretariat gibt man Ihnen auch gern die Auskunft, welche Autobahnabfahrt Sie nehmen müssen und wie lange die Fahrtzeit dann noch bis zum Werksgelände beträgt. Benutzen Sie ein öffentliches Verkehrsmittel, sollten Sie fragen, wieviel Zeit das Taxi vom Bahnhof oder vom Flughafen bis zum Unternehmen benötigt.

Die letzten Vorbereitungen betreffen Ihr *Outfit.* Je konservativer die Branche ist, in der Sie beschäftigt sind, je ausgefallener eine Frau für die von Ihnen anvisierte Position ist, um so konservativer und dezenter sollten Sie sich kleiden.

Vergessen Sie außerdem die Schreibutensilien nicht. Mit Sicherheit wollen Sie sich während des Gesprächs einige Notizen machen.

Es ist soweit, der Tag des Vorstellungsgespräches ist da.

Rechnen Sie damit, daß Sie von drei oder vier fremden Personen unter die Lupe genommen werden. Sind Sie direkt in das Unternehmen eingeladen, können Ihnen ein oder zwei Mitarbeiter der Personalabteilung, der potentielle direkte Vorgesetzte und unter Umständen ein Psychologe gegenüber sitzen.

Treffen Sie sich mit einem Personalberater, kann es ebenfalls sein, daß ein Psychologe anwesend ist. In seltenen Fällen, meist dann, wenn eine Führungsposition sehr kurzfristig besetzt werden soll, kann auch bei diesem Gespräch ein Vertreter des Unternehmens zugegen sein. Üblicherweise trifft aber der Personalberater die erste Vorauswahl allein. Danach erst schließt sich das erste Vorstellungsgespräch im Unternehmen an.

Ein Vorstellungsgespräch setzt sich immer aus *drei Phasen* zusammen:

- der Eröffnungsphase,

– der Phase der Selbstpräsentation und
– der Informationsphase über das Unternehmen.

Sie haben Ihren großen Auftritt in der zweiten Phase. Aufgrund Ihrer perfekten Vorbereitung fällt es Ihnen jedoch leicht, Ihre Selbstsicherheit und Ihr Können voll einzusetzen und bei den Gesprächspartnern einen guten oder ausgezeichneten Eindruck zu hinterlassen.

3.4 Die Auswahlverfahren

Im Laufe der Bewerbungsaktion können Sie mit einem Test oder sogar mit ganzen Testbatterien konfrontiert werden. Das kann bereits direkt im Anschluß an das erste Vorstellungsgespräch der Fall sein oder diese Testphase wird zu einem späteren Zeitpunkt durchgezogen, um Ihre Eignung als potentielle Kandidatin für die ausgeschriebene Stelle quasi von dritter Seite bestätigen zu lassen.

Vier verschiedene *Auswahlverfahren* werden üblicherweise in der Praxis verwendet:

– Psychologische Tests;
– graphologische Gutachten;
– Streß-Interviews und
– Assessment-Center.

Die *psychologischen Tests* sind auch unter Wissenschaftlern und Experten umstritten. Dennoch kommen Sie nicht umhin, dieses Spiel mitzumachen, wenn Sie nicht von Anfang an von der Kandidatenliste gestrichen werden wollen. Hier hilft nur eines: Sie kennen die Anforderungen, die an eine Führungspersönlichkeit gestellt werden (siehe Kapitel „Die eigene Persönlichkeit"), also können Sie die Fragen, die Ihnen gestellt werden, sehr leicht durchschauen. Mogeln Sie, aber behalten Sie im Gedächtnis, wo Sie gemogelt haben, damit Sie nicht in die eingebauten „Lügenfallen" tappen. Entsprechende Literatur hilft zudem, die schlimmsten Fallstricke zu erkennen.

Das *graphologische Gutachten,* also eine Schriftprobe Ihrer Handschrift, ist nicht weniger umstritten, wird aber nach wie vor von manchen Unternehmen als Zusatzinformation verlangt.

Schreiben Sie den gewünschten Text und denken Sie an folgendes: Graphologen beurteilen von links nach rechts abfallende Schreiblinien negativer als von links nach rechts ansteigende Zeilen. Schreiben Sie das Blatt nicht voll, sondern lassen Sie oben und unten mindestens vier Zentimeter Platz, an den Rändern sollten etwa zwei Zentimeter frei bleiben. Zustimmung finden bei den Schriftdeutern auch immer Unterschriften, die nicht zu klein sowie klar und deutlich lesbar sind. Der unleserliche Schnörkel als Unterschrift erfreut sich in Graphologenkreisen keiner großen Beliebtheit.

Streß-Interviews dauern im Schnitt ein bis zwei Stunden. Sie werden nochmals gezielt und nach Plan über Ihre Person ausgefragt. Beantworten Sie die Fragen ruhig und gelassen, wenn möglich bringen Sie Humor mit ein und passen Sie ruhig bei Fragen, die unter die Gürtellinie gehen.

Eines der seriösesten Auswahlverfahren ist die Methode des *Assessment-Center,* die nicht nur bei Bewerbungen, sondern insbesondere auch gerne bei der innerbetrieblichen Auswahl und dem Aufbau von Führungskräften angewendet wird. Ein Assessment-Center ist letztlich ein Beurteilungs-Center, das der Einschätzung der Probanden dient. Hier werden Führungssituationen simuliert, und es wird von den anwesenden Experten die Fähigkeit der Teilnehmer beurteilt, sich bei den gestellten Aufgaben bewähren und durchsetzen zu können.

Eine der beliebtesten Aufgaben im Assessment-Center ist der Postkorb-Test: Die Kandidaten erhalten je einen Postkorb mit verschiedenen Schriftstücken, der Inhalt ist zugeschnitten auf die spätere Tätigkeit. Die Teilnehmer müssen jetzt unter zeitlichem Druck diese Post durcharbeiten, die Probleme erkennen, Prioritäten setzen und ihre Entscheidungen treffen.

In diesem Test wird das Können der Probanden in Sachen Organisation, Planung und Kontrollfähigkeit überprüft. Da die Vorbereitung und die Auswertung eines Assessment-Centers sehr zeitraubend sind, wird von dieser Testmöglichkeit bei Bewerbungen allerdings nicht allzu häufig Gebrauch gemacht.

3.5 Das zweite Vorstellungsgespräch

Ihre Chancen stehen bestens, Sie haben die Einladung zum zweiten Gespräch erhalten. Sie können guten Mutes sein: Ihre Konkurrenz besteht jetzt noch aus höchstens zwei oder drei anderen Personen, ist also schon tüchtig geschrumpft! Im ersten Gespräch haben Sie sich bewährt, Sie haben keinen Grund, jetzt nervös zu werden. Bleiben Sie locker, geben Sie sich weiter selbstbewußt und zielstrebig.

In dieser letzten Bewerbungsphase geht es vorwiegend darum: Passen Sie zu der Abteilung, sind Sie dem direkten Vorgesetzten sympathisch. Denn schließlich ist keine gute Zusammenarbeit denkbar, wenn die ganz persönliche „Wellenlänge“ nicht stimmt.

Auch für Sie ist dieses Gespräch nochmals eine gute Gelegenheit um auszuloten: Will ich in diesem Unternehmen, in der geschilderten Abteilung mit den skizzierten Aufgaben und diesem Vorgesetzten tätig werden? Hat sich ein ungutes Gefühl in Ihnen breit gemacht, dann unterschreiben Sie besser keinen Arbeitsvertrag. Nur wenn rundum alles stimmt, können Sie Ihre Karriere plangemäß vorantreiben.

Stellen Sie in diesem Gespräch detailliertere Fragen zu dem zukünftigen *Arbeitsgebiet* und den *Mitarbeitern*. Informieren Sie sich über die Alters- und Ausbildungsstruktur der Mitarbeiter, über laufende und über geplante Projekte in dieser Abteilung. Erkundigen Sie sich auch, weshalb der bisherige Stelleninhaber geht. Fragen Sie, ob sich einer der Mitarbeiter Hoffnungen auf diese Position macht. Wenn ja, rechnen Sie damit, daß Ihr Start im neuen Unternehmen nicht ganz unproblematisch verlaufen könnte.

Ein wichtiger Punkt im zweiten Gespräch ist immer die Frage nach dem Gehalt. Nennen Sie Ihren *Jahresgehaltswunsch* präzise, und begründen Sie die Summe. Sie kennen Ihren Wert! Sollte das Einkommen nicht Ihren Vorstellungen entsprechen, überprüfen Sie die finanziellen Perspektiven, die sich künftig ergeben könnten. Berücksichtigen Sie ebenfalls Sonderleistungen wie etwa Dienstwagen, Mitarbeiteraktien oder eine besonders günstige betriebliche Altersversorgung.

Die Entscheidung für oder gegen eine Position sollte auf keinen Fall nur von dem Einstiegsgehalt abhängig gemacht werden.

Inhalt dieses Gespräches werden außerdem ganz konkrete Dinge sein, wie beispielsweise ein Umzug mit Umzugskostenzuschuß oder einer Trennungsentschädigung, und Sie werden auf andere Besonderheiten des Unternehmens hingewiesen, beispielsweise die interne Spesenregelung. Aber wenn Sie erst einmal an diesem Punkt angelangt sind, können Sie schon ziemlich sicher sein, mittlerweile an die allererste Position der Kandidatenliste gerückt zu sein.

3.6 Der Vertrag

Eine Führungskraft schließt einen *außertariflichen* Arbeitsvertrag ab.

Folgende Punkte müssen erwähnt werden:
- Positionsbezeichnung und Aufgabenbeschreibung;
- Anfangstermin;
- Länge der Probezeit;
- Vollmachten nach der Probezeit (Handlungsvollmacht, Prokura);

- Standort – falls das Unternehmen eine Zentrale mit Niederlassungen hat;
- Jahresgehalt, am besten mit dem Zusatz „eine jährliche Gehaltsüberprüfung wird vorgenommen“;
- Urlaubsanspruch;
- Sozialleistungen;
- Kündigungsfristen.

Meist als *Sondervereinbarungen* zum Arbeitsvertrag werden die Modalitäten des Umzugs mit Umzugskostenübernahme oder Umzugskostenbeteiligung sowie eine eventuelle Trennungsentschädigung für einen festgelegten Zeitraum geregelt. Üblich ist dabei ein Passus, daß der Umzugskostenzuschuß anteilsmäßig zurückgezahlt werden muß, wenn der Vertrag nicht mindestens 12 Monate besteht.

Die Regelung der Reisekostenabrechnungen wird ebenfalls meist getrennt vom Vertrag dem neuen Mitarbeiter überreicht.

Sie haben es geschafft, die nächste Karrierestufe liegt vor Ihnen, jetzt müssen Sie nur noch unterschreiben und können sich auf die neue Herausforderung schon freuen.

4 Der Sprung auf die Karriereleiter

Der Erfolg ist in greifbare Nähe gerückt: Sie erhalten Ihre erste Karrierechance. Jetzt heißt es die Gelegenheit wahrnehmen und die Erwartungen erfüllen, die das Unternehmen in Sie setzt. Zug um Zug wird sich entscheiden, ob Sie für eine weitere Auffahrt zu Ihrem eigentlichen Karriereziel geeignet sind oder nicht. Ihre erste Führungsposition gibt Ihnen die allerbeste Möglichkeit, um Ihr Können und Ihre Fähigkeiten unter Beweis zu stellen.

4.1 Einflußfaktoren auf die Karriere

Die unterschiedlichsten Faktoren wirken jeweils auf den Karriereerfolg ein. Das Arbeitsumfeld, die wirtschaftliche Situation des Unternehmens oder die generellen Marktchancen der Branche beeinflussen den Erfolg genauso wie die eigene Arbeitsleistung, die Fähigkeit im Umgang mit Mitarbeitern und Vorgesetzten oder wie die Selbstdarstellung. Die ersten drei genannten Faktoren kann keine karrierewillige Frau beeinflussen: Die müssen einfach als Gegebenheit akzeptiert und hingenommen werden. Die anderen Punkte hat jede aufstiegsbewußte Beschäftigte selbst in der Hand. Hier kann sie tätig werden und sich zur rechten Zeit ins rechte Licht setzen.

Arbeitsleistung und Arbeitsqualität

Um gute und qualitativ hochwertige Arbeit zu leisten, müssen Sie Ihre Arbeit richtig organisieren. Das können Sie bereits. Nutzen Sie dieses Wissen vom ersten Tag an und überlegen Sie sich, wie Sie die neue Aufgabe am besten bewältigen können. Setzen Sie sich Prioritäten – was ist am wichtigsten? – und überprüfen Sie die bestehenden Termine:

- Welche Aufgaben müssen bis zu welchen Zeitpunkten erledigt sein?
- Wieviel Zeit wird für die einzelnen Teilaufgaben benötigt? Time-Management ist das Stichwort dafür.

Machen Sie vor allem nicht den Fehler und verschwenden Zeit und Kraft für eigentlich nebensächliche Dinge. Geben Sie sich deshalb Ziele vor, und gliedern Sie die zu erledigenden Aufgaben in Teilziele.

Prüfen Sie, wie Sie die eigenen Zielvorgaben erfüllen können. Bringen Sie Ihre Kreativität ein. Ihre Arbeitsleistung und die Arbeitsqualität wird dann nichts zu wünschen übrig lassen. Führen Sie sich immer wieder Ihre eigenen Arbeitsideale vor Augen, die da lauten: Selbstdisziplin und Selbstkontrolle, Haltung in jeder Situation bewahren, nie gehen lassen. Und denken Sie daran: Jedes Unternehmen schätzt an seinen leitenden Mitarbeitern weniger den Wagemut und revolutionäre Ideen, als Anpassungsvermögen, Organisationstalent und systematisches Vorgehen.

Kommunikation, Verhältnis zu Kollegen und Vorgesetzten

Die eigenen Verbindungen im Unternehmen und in einer Branche sind höchst wertvoll. Sicher müssen Sie diese Kontakte erst einmal knüpfen, aber dank Ihrer Kommunikationsbereitschaft stellt das für Sie jetzt kein unüberwindbares Hindernis mehr dar. Geben Sie sich als karrierebewußte Frau ganz natürlich. Seien Sie entkrampft, nicht steif und förmlich. Sie haben Ihren Platz in der Männerwelt bereits erobert, Sie müssen keineswegs jeden Tag aufs neue wieder um ihn kämpfen. Zeigen Sie Selbstsicherheit, und passen Sie sich mit Ihrem Auftreten und Ihrer Sprache den allgemeinen Umgangsformen an, die in Ihrem Unternehmen gepflegt werden.

Ziehen Sie an Ihrem Arbeitsplatz möglichst viele Drähte. Je mehr Kollegen Sie kennen, denen Sie vertrauen und die Ihnen vertrauen, um so mehr Informationen erhalten Sie, die abseits der offiziellen Informationswege laufen. Und je mehr Sie aus der Arbeit der anderen Abteilungen wissen, um so besser können Sie mit Ihren Mitarbeitern die eigene Arbeit ausführen. Wissen Sie, worauf andere Wert legen, können Sie sich gleich von Beginn an auf die entsprechenden Prioritäten einstellen. Sie sparen auf diese Weise Zeit und Arbeitskraft.

Verschaffen Sie sich einen vernünftigen Kontakt zu Ihrem *direkten* Vorgesetzten. Auf ihn oder sie sind Sie immer wieder angewiesen. Der Vorgesetzte verfügt im Regelfall über umfassendere Informationen über das Unternehmen und seine Zielsetzungen als Sie selbst. Stehen Sie auf gutem Fuß mit ihm, wird er Details, die für Ihre Arbeit wichtig sind, gewiß an Sie weitergeben. Arbeiten Sie so, daß Sie seine Erwartungen erfüllen können. Und: Bringen Sie sich selbst in die Zusammenarbeit mit ein. Zeigen Sie Präsenz bei wichtigen Entscheidungen, vertreten Sie Ihre Meinung, äußern Sie eigene Vorstellungen und machen Sie Vorschläge. Halten Sie sich mit kreativen Vorschlägen nicht zurück.

Ist es einmal zu einer Mißstimmung gekommen – und dieser Fall wird immer wieder einmal eintreten – dann versuchen Sie, die Angelegenheit zu klären. Aber bleiben Sie sachlich. Lassen Sie sich nicht dazu verleiten, eine dienstliche

Angelegenheit zu einer persönlichen Betroffenheit werden zu lassen. Emotionen haben hier nichts zu suchen. Karriere machen bedeutet schließlich auch, die eigene soziale Kompetenz unter Beweis zu stellen.

Zeigen Sie immer wieder, was Sie leisten und überprüfen Sie kontinuierlich, ob Ihr Chef diese Leistung adäquat würdigt. Ist das nicht der Fall, sollten Sie ein Gespräch mit ihm führen.

Diplomatie und Selbstdarstellung

Stellen Sie sich auf die Kollegen und die Vorgesetzten ein, ebenso auf die Mitarbeiter. Ein umfangreiches Informationsnetz erleichtert Ihnen diese Aufgabe. Je größer Ihr Verständnis für deren Zielsetzungen und das Wissen über die anderen ist, um so leichter fällt der berufliche Umgang: Im passenden Moment bietet sich Ihnen so die Gelegenheit, diplomatisch auf Ihre eigenen Vorstellungen und Ziele einzugehen.

Ganz wichtig ist in diesem Zusammenhang Ihre eigene Darstellung. Frauen besitzen das große Talent, die eigene Person vollkommen hinter eine Sache zu stellen, die ihnen wichtig ist. Ein derartiges Verhalten kann in Besprechungen ein großes Plus sein. Negativ wirkt es sich aber auf die eigene Karriere aus, wenn Sie das Marketing in eigener Sache vergessen.

Bleiben Sie ruhig im Hintergrund, aber treten Sie zum richtigen Zeitpunkt in den Vordergrund. Lassen Sie nicht zu, daß andere mit Ihren Ideen hausieren gehen und falsch verdientes Lob einstreichen. Vorschläge, die von Ihnen kommen, sollten Sie betonen – im ganz eigenen Karriere-Interesse.

4.2 Was Sie tun können, was Sie vermeiden müssen

Soll der erste berufliche Erfolg kein Einzelfall bleiben, wollen Sie sich höhere berufliche Sporen verdienen, bleibt nichts anders übrig, als ständig das Interesse am Weiterkommen zu demonstrieren. Es gibt bestimmte Dinge, die Sie unbedingt tun müssen. Das von Ihnen selbst aufgebaute Informationsnetz ist jetzt behilflich: Finden Sie heraus, welche Anforderungen Ihr Unternehmen an Führungskräfte stellt. Leistungsbereitschaft, Fähigkeit und fachliches Know-how sind eine Selbstverständlichkeit. Doch was wird darüber hinaus von Ihnen erwartet? Existieren beispielsweise Management-Circle für Führungskräfte der untersten Ebene? Gibt es andere Spezialveranstaltungen? Denken Sie daran: Ausreichende Informationen sind eine Holschuld von Ihnen, keine Bringschuld der anderen.

Unbedingt einbringen in ihr Karriere-Können müssen Frauen zudem *Verhandlungsgeschick.* Als Führungskraft kommen Sie nicht umhin, an Verhandlungen teilzunehmen und solche aktiv zu leiten. Lernen Sie die üblichen Vorgehensweisen. Die Grundprinzipien der Verhandlungstaktik sind gar nicht so schwer. Nur Außenstehenden erscheint der Verhandlungsprozeß immer eine unendlich komplizierte Angelegenheit zu sein.

In jeder Verhandlung gibt es mindestens zwei Parteien, die beide Forderungen aufstellen. Ziel jeder Verhandlung ist es, einen für beide Teile akzeptablen Abschluß zu treffen. Bereiten Sie sich auf eine Verhandlung gründlich vor:

- Wie können Sie Ihre Forderung taktisch am günstigsten vorbringen?
- Welche Forderungen wird die Gegenseite aufstellen?
- Mit welcher Verhandlungstaktik wird die andere Seite aufwarten? Stellen Sie sich gedanklich darauf ein.
- Schaffen Sie ein angenehmes Verhandlungsklima, indem Sie nicht sofort den Gegenstand des eigentlichen Treffens ansprechen, sondern sich erst im lockeren Small-talk warmreden.
- Wenn möglich, lassen Sie die Gegenseite die Forderungen zuerst offenlegen. Dann können Sie die Situation besser überblicken und sich darauf einstellen.
- Überlegen Sie vor Beginn der Verhandlung, welche Mindestziele Sie anstreben? Dann können Sie überlegte Abstriche machen von den eigenen Zielsetzungen, wenn der Verhandlungsabschluß nur über einen Kompromiß möglich ist.
- Zeigen Sie Konzessionsbereitschaft, schließlich wollen beide Verhandlungspartner zufrieden mit dem Ergebnis sein.

Auch für die Fähigkeit, in Verhandlungen eine gute Figur zu zeigen, gilt: Es ist noch keine Meisterin vom Himmel gefallen. Natürlich sind Ihre ersten Verhandlungen noch zäh und schwergängig. Anfangs werden Sie auch größere Zugeständnisse machen müssen, als Ihnen recht ist. Doch wenn Sie sich nach jeder Verhandlung das eigene Verhalten und das des Kontrahenten durch den Kopf gehen lassen, bereit sind, die eigenen Fehler und Ungeschicklichkeiten zu erkennen, wird sich Ihre eigene Verhandlungsposition von Mal zu Mal bessern.

Hüten Sie sich vor den frauentypischen Fehlern auf dem Weg zur Macht. Vermeiden Sie allzu private Kontakte mit Mitarbeitern, Kollegen oder Vorgesetzten. Am besten ist es, gar nicht erst Verbindungen intimer Art anzuknüpfen. Läuft Ihnen aber tatsächlich ein Wunschpartner in Ihrem Arbeitsumfeld über den Weg, dann sollten Sie schnell handeln. Einer von beiden Partnern sollte sich schnellstmöglich einen neuen Arbeitsplatz suchen. In einem Großunternehmen bietet sich häufig eine Versetzung an, in einem kleinen Unternehmen bleibt nur ein Stellenwechsel übrig. Denn die Verknüpfung von privaten und beruflichen Interessen schadet jeder Karriere: Ihrer und seiner.

Natürlich kann die sexuelle Komponente nicht gänzlich aus dem Berufsalltag ferngehalten werden. Sie arbeiten viel mit Männern zusammen und die Anziehungskraft zwischen den Geschlechtern besteht eben. Aber wenn Sie sich das bewußt machen, tappen Sie nicht in die typischen Fettnäpfchen.

Stellen Sie auch auf keinen Fall heraus, Sie müßten gar nicht arbeiten. Das Motto „Ein Mann muß, eine Frau kann arbeiten", werden Ihnen die männlichen Kollegen sehr verübeln. Männer verfügen eben in unserer Gesellschaft zumindest gegenwärtig nicht über die Entscheidungsfreiheit, zwischen Beruf und Familie wählen zu können.

Schädlich für eine Karriere ist auch *zu viel Gründlichkeit.* Frauen neigen sehr zum Perfektionismus. Das hängt damit zusammen, daß sie unbewußt ihre berufliche Aktivität legitimieren wollen. Sie haben die Daseinsberechtigung im Beruf noch nicht verinnerlicht. Eine Führungskraft darf sich aber nicht zu sehr in einzelne Aufgabengebiete vergraben. Dafür hat die Managerin ihre Spezialisten in der Gruppe. Sie muß über die einzelnen Aufgaben natürlich Bescheid wissen. Es ist aber keineswegs nötig, daß sie Detailfragen beantworten kann. Verkennen Sie die Führungsaufgabe nicht, sonst machen Sie sich gar noch in einer bestimmten Position unentbehrlich und stoppen einen weiteren Karriere-Aufschwung, der vielleicht gerade erst begonnen hat.

4.3 Sprungbrett erreicht und dann: der Aufstieg

Ihr erstes Karriereziel, das Sprungbrett, haben Sie erklommen. Jetzt muß der weitere Aufstieg in Angriff genommen werden. Schließlich wollen Sie nicht auf dieser ersten kleinen Führungsposition, die vielleicht eine Projektleitung ist, bleiben, sondern Sie wollen weiter nach oben.

Dank Ihrer eigenen Karriereplanung fällt es Ihnen leicht, das eigentliche Karriereziel nicht aus den Augen zu verlieren. Sie haben sich ja schon einen Zeitraum von etwa zwei Jahren gesetzt, in dem Sie diese Position wieder verlassen wollen. Noch ist es aber nicht soweit. Jetzt müssen Sie sich erst einmal bewähren und dem Unternehmen beweisen: Ich bin die Richtige für diese Stelle, die Entscheidung für mich war goldrichtig.

Übernehmen Sie eine Karrierestelle müssen Sie den dazu gehörenden Verantwortungsbereich kennenlernen und prüfen. Sind Sie für alle Bereiche, die Sie zu verantworten haben, mit der nötigen Kompetenz ausgestattet? Jede Führungskraft kann nur das Maß an Verantwortung tragen, für das sie Entscheidungsvollmacht besitzt. Lehnen Sie für Bereiche, die nicht innerhalb Ihrer Kompetenz angesiedelt sind, ruhig die Verantwortung ab. Eine Hausjuristin beispielsweise in einem Großhandelsunternehmen kann nur für die Verträge geradestehen, die sie auch überprüft hat. Verträge dagegen, die von der Einkaufsabteilung ohne ihr Wissen abgeschlossen und unterschrieben worden sind, kann sie nicht zu einem späteren Zeitpunkt zu verantworten haben.

Machen Sie sich vertraut mit allen Aufgaben in der Abteilung: Was läuft bisher wie? Nehmen Sie das Mitarbeiter-Potential unter die Lupe:

- Welche Personen sind die informellen, also die heimlichen Führer der Gruppe?
- Welche sind die typischen Quertreiber?
- Welche gehören zum unproblematischen Rest?

Versuchen Sie, sich innerhalb der Gruppe der Mitarbeiter Verbündete zu schaffen. Denn über Detailaufgaben wissen die Mitarbeiter besonders zum Antritt Ihrer Position sehr viel mehr als Sie selbst. Deshalb brauchen Sie Personen, denen Sie unbedingt Vertrauen schenken können.

Haben Sie diese Grundstrukturen geklärt, sollten Sie prüfen, ob und welche Veränderungen Sie einführen möchten? Sind Sie beispielsweise mit den Organisationsmethoden und den angewendeten Arbeitstechniken einverstanden? Wenn nicht, bringen Sie die Änderungsvorschläge vorsichtig, aber bestimmt ein. Und denken Sie immer daran: Das Wichtigste ist die Motivation der Mitarbeiter. Befehlen Sie nicht einfach.

Überzeugen Sie die Gruppe davon, daß Ihre Neuerungsvorschläge für alle Beteiligten nur positive Auswirkungen besitzen. Machen Sie sich zudem vertraut mit der Methode des aktiven Zuhörens. Je weiter Sie beruflich vorankommen, um so wichtiger wird das *Zuhören:* Viele Informationen erhalten Sie ganz en passant. Lernen Sie Fragen zu stellen, im richtigen Moment und zum richtigen Zeitpunkt.

Führen heißt nicht nur Entscheidungen treffen, Verantwortung tragen und Macht ausüben, Führungspositionen beinhalten immer auch die Fähigkeit, Kompromisse eingehen zu können. Investitionswünsche, die Sie für Ihre Gruppe haben, können durchaus in einem Zielkonflikt mit dem Budget der gesamten Abteilung stehen. Deshalb ist es günstig, wenn Sie lernen, Ihre Interessen zu vertreten. Gleichzeitig müssen Sie aber auch bereit sein zurückzustecken, wenn andere Umstände gegen Ihre Wünsche sprechen.

Spätestens nach einem Jahr in der neuen Position sollten Sie mit der Prüfung beginnen, ob das nächste Karriereziel in Ihrem jetzigen Unternehmen ebenfalls erreicht werden kann. Wenn ja, konzentrieren Sie sich darauf. Wenn nein, beginnen Sie bereits jetzt, sich mit einem Unternehmenswechsel anzufreunden.

Teil III
Das Ziel

Teil III
Das Ziel

1 Karriereziel erreicht

Nach langen Vorbereitungen und gründlichen Planungen, können Sie endlich die wohlverdiente Ernte einholen: Sie haben den Erfolg, den Sie sich schon lange wünschten. Sie sind in Ihrem – vorläufig letzten – Karriereziel angekommen. Ruhen Sie sich jetzt aber nicht auf den ehrenvollen Lorbeeren aus. Die Konkurrenz – ob weiblich oder männlich – schläft nicht und will ebenfalls nach oben klettern.

1.1 Die Position sichern

Im Karriereziel angekommen stellen sich Ihnen erst einmal wieder die gleichen Aufgaben wie in Ihren Aufstiegspositionen: Prüfen Sie die Situation, die Mitarbeiter, wünschenswerte und unbedingt nötige Veränderungen, die Sie anstreben (siehe auch Pkt. 4.3 Sprungbrett erreicht . . ., S. 119). Darüber hinaus warten neue Aufgaben auf Sie: Sie müssen sich positive Anerkennung im Unternehmen verschaffen, sich nach möglichst vielen Seiten absichern, damit Ihre Traumkarriere nicht im Schleudersessel endet.

Meist finden sich zu diesem Zeitpunkt wohlmeinende männliche Kollegen mit den unvermeidlichen Ratschlägen ein. Hören Sie zwar zu, aber machen Sie klar und unmißverständlich deutlich: Auf sogenannte gute Ratschläge kann ich verzichten. Ich habe meinen Weg bewußt gewählt, weiß auch, wie ich meine Arbeit zu meistern habe und kann das alles ganz alleine. Sie benötigen keinen Vaterersatz am Arbeitsplatz.

Natürlich bauen Sie ein kollegiales Vertrauensverhältnis zu den Mitstreitern auf der gleichen Unternehmensebene auf. Das benötigen Sie ganz dringend, um nicht von wichtigen Informationsflüssen abgeschnitten zu werden. Aber auf väterliches Schulterklopfen sind Sie wahrlich nicht angewiesen.

Je höher Sie kommen, um so wichtiger sind für Sie loyale Mitarbeiter. Haben Sie nicht schon Ihre eigene Seilschaft von unten mitgebracht, dann sollten Sie sich jetzt über Ihre soziale Kompetenz Loyalität unter den neuen Mitarbeitern erwerben. Ihr eigener Führungsstil hilft Ihnen bei diesem wichtigen Projekt. Entsprechen die Mitarbeiter relativ wenig Ihrer eigenen Vorstellung, dann achten Sie bei Neueinstellungen verstärkt darauf, Personen vertraglich an Ihre Abteilung zu binden, mit denen Sie auf einer Wellenlänge liegen.

Stellen Sie nach der üblichen Bewährungszeit in der neuen Position, die mindestens zwei Jahre beträgt, fest, daß Sie sich gedanklich schon wieder mit neuen Karriere-Ambitionen auseinandersetzen, dann zögern Sie nicht. Trauen Sie sich noch höhere Aufgaben zu, dann packen Sie sich bietende Gelegenheiten am Schopfe oder interessieren Sie sich mal wieder für den Stellenmarkt. Seien Sie dem Unternehmen nicht allzu dankbar, das Ihnen das gewünschte Karriereziel eingeräumt hat.

Sie haben die Position nur bekommen, weil Sie besser waren als die gesamte Konkurrenz. Sie sind befördert worden, weil sich das Unternehmen den größten Nutzen von Ihnen in dieser Position versprochen hat. Sie haben durchaus Ihre „Schuld" beglichen – durch Ihr Engagement und Ihre Fähigkeiten. Bietet sich jetzt ein anderes Unternehmen als weitere Karrierechance an, dann greifen Sie zu. Akzeptieren Sie schwungvoll neue Herausforderungen. Sie kennen die alte Volksweisheit „Wer rastet, der rostet". Spüren Sie den inneren Drang, noch weiter nach oben zu klettern, dann geben Sie Ihren Wünschen nach.

1.2 Keine Angst vorm Wettbewerb

Männer profilieren sich permanent – in allen passenden und unpassenden Situationen. Frauen stellen ihre positiven beruflichen Eigenschaften viel zu wenig ins Rampenlicht. Für Karrierefrauen heißt das, einen sinnvollen Mittelweg zu finden zwischen beiden Verhaltensweisen. Das eigene Können richtig zu präsentieren ist Teil des Wettbewerbs, der in Führungskreisen herrscht.

In das kumpelhafte Schulterklopfen-Verhalten werden Frauen nicht einbezogen, das wollen sie auch gar nicht. Das ist aber gleichzeitig ein Grund, weshalb sie nie ganz Zutritt zu der Männerwelt der klassischen Führung finden können. Noch sind Frauen die Außenseiter in den Machtetagen der Wirtschaft. Und deshalb sind sie viel mehr als Männer gezwungen, in Fragen des Wettbewerbes umsichtig zu agieren.

Konkurrenz ist immer vorhanden, damit müssen alle Karrierewilligen leben. Scheuen Sie den Vergleich mit der Konkurrenz nicht, letztlich müssen Sie damit leben, daß Ihr Können und Ihre Fähigkeiten immer wieder unter die Lupe genommen werden. Zeigen und beweisen Sie immer wieder, daß Sie die Richtige für die Position sind, die Sie haben.

Aber machen Sie nicht den Fehler, Ihr eigenes Können dadurch untermauern zu wollen, daß Sie ganz nach Weibchenart, die männlichen und weiblichen Kollegen schlecht machen: in Gesprächen im Kollegenkreis oder in großen Diskussionsrunden.

Zeigen Sie Souveränität, verzichten Sie auf unfaire oder gar hämische Angriffe. Dadurch können Sie die eigene Stellung eher schwächen als stärken. Erkennen Sie das Können anderer ruhig an. Besitzen Sie die Größe zuzugeben, daß Sie nicht die einzige sind, die ihr Metier beherrscht. Sind Sie immer etwas fixer mit guten Ideen und guten Vorschlägen, haben Sie Ihre Mannschaft gut im Griff, müssen Sie sich nicht um Ihren Karriereplatz sorgen. Für einen exzellenten Mitarbeiter findet sich so schnell kein Ersatz. Außerdem hat kein Unternehmen Interesse daran, einer guten Führungskraft Probleme im eigenen Haus zu machen.

2 Die Chancen der Frauen

Ein ausgesprochen frauenfreundliches Klima herrscht gegenwärtig in Unternehmen, Behörden oder Verwaltungen. Noch nie waren die Karriere-Chancen für Frauen so gut. Die Frauenbewegung hat den Boden dafür bereitet, daß qualifizierte weibliche Beschäftigte jetzt Aufstiegsmöglichkeiten besitzen. Diese müssen allerdings wahrgenommen werden.

Nach dem Motto „Wer wagt, gewinnt", sollten jetzt karrierewillige Frauen ihr Können in die berufliche Waagschale einbringen. Der Zeitgeist erleichtert es den Unternehmen, Führungspositionen entweder mit Männern oder mit Frauen zu besetzen. Erfolgreiche Berufstätige haben bereits die ersten positiven Zeichen in der Wirtschaftswelt gesetzt. Deren Vorreiterstellung ermutigt andere Frauen, auf die Karriere-Karte zu setzen und sich beim Kurs auf den Erfolg nicht selbst im Wege zu stehen.

2.1 Karrieremuster von Frauen

Frauenkarrieren verlaufen genauso unterschiedlich wie die beruflichen Erfolgswege der Männer. Noch ist eine weibliche Karriere freilich die seltene Ausnahme. Grund genug, um Karriere-Frauen und deren berufliche Werdegänge vorzustellen. Drei Frauen, drei karrieregeprägte Lebensläufe: Sie weisen Ähnlichkeiten auf, genauso werden gravierende Unterschiede ersichtlich.

Karriere-Frau Nr.1:

Gisela Schulz-Decker ist beim Bayer-Konzern in Leverkusen beschäftigt, seit 1984 ist sie Leiterin des Referats Personal des Sektors Polymere. Sie ist eine der wenigen Frauen, die den Status einer leitenden Angestellten bei diesem Chemie-Riesen besitzt. Die Personalfrau Gisela Schulz-Decker hat einen erstaunlichen und bewundernswerten beruflichen Lebenslauf aufzuweisen. Lang war ihr Weg bis in diese Ebene. Mit viel Einsatz und großem Durchsetzungsvermögen hat sie es geschafft, allen Erwartungshaltungen ein Schnippchen zu schlagen, sich ihren ganz persönlichen Managerinnen-Platz zu erobern.

Rückblickend stellt Gisela Schulz-Decker fest „Ich habe ganz unten, im Bereich der gewerblichen Arbeitnehmer, im Büro angefangen und bin über die vielen Stufen des Tarifvertrages in den Bereich der leitenden

Mitarbeiter gekommen. Das hat eine ganze Zeit in Anspruch genommen." Eine völlig unübliche Karriere, auf die sie zurecht stolz sein kann.

Nach dem Abitur startete Gisela Schulz-Decker im Oktober 1953 in einem Personalbüro bei Bayer. Heilfroh darüber, überhaupt eine Stelle im Büro und nicht in der Produktion gefunden zu haben, störte es die Achtzehnjährige keineswegs, als gewerbliche Arbeitnehmerin eingestellt zu werden. Schließlich wollte sie nichts anderes als Geld verdienen, um für das geplante Chemiestudium finanziell gerüstet zu sein.

Doch alles kam ganz anders: Der Wunsch des Chemiestudiums verschwand in der Versenkung als sie erfuhr, daß Chemikerinnen fast ausschließlich einen Arbeitsplatz in der Literatur- und Patentabteilung erhalten, nicht aber im Labor. Parallel dazu war sie von der Personalarbeit fasziniert. Gleich zu Anfang des Berufslebens legte Gisela Schulz-Decker die Basis für ein späteres Vorwärtskommen. Nach Dienstschluß sorgte sie für die eigene Weiterbildung. Sie besuchte Kurse in Maschinenschreiben, Stenographie und Buchführung – auf eigene Kosten, versteht sich. Mit den frisch erworbenen Kenntnissen im Kopf wechselte sie im Herbst 1955 zu einer Sachversicherung. Doch rund neun Monate später lockte die erste Sekretärinnen-Stelle bei einem Ärzte-Verband. Gisela Schulz-Decker ergriff ihre Chance und wurde rasch enttäuscht: Im Gegensatz zu ihrer Vorstellung von der Wichtigkeit einer Sekretärin mußte sie feststellen, daß die Arbeit sehr unselbständig war und überwiegend aus Schreibmaschineschreiben bestand. Als der Verband die Aufgabe erhielt, ein juristisches Archiv aufzubauen, wurde sie mit dieser Tätigkeit betraut. Gisela Schulz-Decker dazu: „Das war selbständiges Arbeiten, hat Spaß gemacht, und es war viel zu lernen!" Doch der Verband wechselt seinen Standort, sie kann nicht mitgehen, weil der Weg nun zu weit für sie ist, und in letzter Konsequenz – nach einem Zwischenspiel von sechs Wochen in der Baubranche – landet sie im Januar 1958 wieder bei Bayer, als Sekretärin des Referatsleiters „Rechtsangelegenheiten des Personalwesens".

Zufrieden damit, wieder im Personalwesen arbeiten zu können, aber gar nicht so begeistert, wieder eine Sekretärin zu sein, beginnt sie am neuen Arbeitsplatz. Sie erinnert sich: „Der Anfang war recht langweilig, aber recht schnell konnte ich sehr selbständig arbeiten. Das hat mir genauso gefallen wie die Tatsache, wieder mit Menschen umgehen zu können und auch mal für andere etwas tun zu können."

Etwa fünf Jahre später wird das Ressort ihres Chefs um die Sozialabteilung erweitert. Gisela Schulz-Decker bleibt. Neben ihrer Sekretärinnen-

Aufgabe übernimmt sie jetzt Sachbearbeiter-Tätigkeiten, was ihr sehr zusagt: Endlich hat sie einen eigenen Bereich, um den sie sich kümmern kann und muß. Nach kurzer Zeit wird ihr die Studienförderung des Unternehmens übertragen, sie verwaltet das Vermögen und ist ganz in ihrem Element. Fast von selbst versteht sich, daß sie die eigene Weiterbildung nicht zu kurz kommen läßt: Wo immer am Abend Kurse offeriert werden, deren Inhalte ihr zusagen, ist Gisela Schulz mit von der Partie. Ob Statistik, Psychologie oder Volkswirtschaft – auf allen Gebieten lernt sie wißbegierig hinzu.

Im Jahr 1968 wird sie wieder mit völlig neuen Aufgaben konfrontiert: Der Chef beschließt, für den Bundestag zu kandidieren, Gisela Schulz-Decker organisiert ganz wesentlich den Wahlkampf. Angefangen bei Wahlveranstaltungen bis hin zur Wahlkampfzeitung liegt alles in ihrer Hand. Sie bewährt sich und zieht von 1969 bis 1972 in ein Bonner Abgeordnetenbüro. Die Zeit wird jetzt sehr knapp, denn die Tätigkeit bei Bayer behält sie stundenweise bei: Ständiges Pendeln zwischen Leverkusen und Bonn, zwischen zwei total unterschiedlichen Arbeitsgebieten, ist angesagt.

In diesem Zeitraum wächst Gisela Schulz-Decker mit ihren Aufgaben. Und jetzt stellt sie fest, wieviel Freude sie daran hat, selbst Entscheidungen zu treffen. „Mit Beginn des Wahlkampf-Aufbaus ist mir klargeworden, daß ich nicht Nur-Sekretärin bin. Da merkte ich, daß ich viel mehr kann. Ich begann auch, mich zu wehren, wenn mein Chef mich als Sekretärin vorstellte. Er akzeptierte das schnell, künftig wurde ich als seine Assistentin bei Fremden eingeführt."

Ihr Chef wird 1972 nicht wiedergewählt, geht in den Vorstand einer Bayer-Tochter, sie soll mit, aber sie will nicht. Und Gisela Schulz-Decker hängt in Leverkusen erst mal in der Luft. „Ich war jetzt Bayer-Angestellte ohne Aufgabengebiet". Doch dieses Problem löst sich rasch, sie baut einen sozialpolitischen Informationsdienst für obere Führungskräfte auf und übernimmt noch 1972 eine Sachbearbeiter-Position für Personalwesen in einer Industrie-Sparte. „Nachdem mir bewußt geworden war, daß ich nicht mehr nur dienende Funktionen ausüben wollte, konnte ich jetzt zum ersten Mal eine richtige Berufsplanung für mich erstellen. Und mir war klar: Du willst eine Position im außertariflichen Bereich erhalten." Wie das geschehen sollte und wann, war damals für Gisela Schulz-Decker noch unklar, aber sie war ein ganzes Stück für sich vorangekommen: Zum ersten Mal hatte sie für sich ein berufliches Ziel formuliert. Aus dem Gefühl, eine berufliche Entwicklung zu wollen, war bei ihr ein Berufs-Bewußtsein erwachsen.

Mit zunehmender Freude und viel Engagement für ihren Beruf führt Gisela Schulz-Decker gegen anfängliche Skepsis eine qualitative Personalplanung in diesem Bereich ein, systematisiert die Fortbildung und die Ausbildung für ihren Bereich. An einen normalen Acht-Stunden-Tag dachte sie schon längst nicht mehr, trotzdem standen auch zu dieser Zeit Weiterbildungsmaßnahmen auf dem eigenen Programm.

In Gewissenskonflikte wird Gisela Schulz-Decker gestürzt, als Mitte 1975 ihr ehemaliger Chef in die Konzern-Zentrale zurückkommt und die Bitte äußert, sie möge das Direktionssekretariat übernehmen. Letztlich sagte sie zu: „Ich wußte, ich kann die Arbeit bei dieser Sparte nicht ewig machen. Ich mußte noch dazulernen, mußte noch eine andere Qualität der Arbeit kennenlernen, aus einem anderen Blickwinkel heraus. Außerdem wollte ich meinem ehemaligen Chef gute Arbeitsbedingungen ermöglichen, weil ich wußte, wir können gut zusammenarbeiten." Sie war sich von Anfang an im klaren, daß sie wieder zurück in die Personal-Sachbearbeitung will, gleichzeitig nutzte sie die Gelegenheit, hier im Direktions-Sekretariat 'Personalarbeit von ganz oben' zu sehen.

Bis 1979 bleibt sie in dieser Position, legt „nebenbei" bei der Industrie- und Handelskammer ihre Prüfung zur Personalfachkauffrau ab, und erhält eine Stelle im außertariflichen Bereich als Personalreferentin. Der Bereich, den Gisela Schulz-Decker übernimmt, hat einen schlechten Ruf: Diese Chemikalien-Sparte leidet zu diesem Zeitpunkt unter permanenten Personalnöten. Doch die engagierte Berufstätige läßt sich nicht schrecken und geht mit Verve an die neue Aufgabe heran: Sie stellt individuelle Personalplanungen auf, entwickelt ein systematisches Personalauswahlverfahren für Einstellungen und baut beispielsweise eine spezielle Fortbildungsreihe für die Mitarbeiter dieser Sparte auf.

Im Jahr 1983 wird ihr Unternehmen anders organisiert, der ehemalige Spartenleiter wird Sektorleiter. Er fragt Gisela Schulz-Decker, ob sie sich vorstellen könnte, im Stab eines Sektorleiters eine Personalstelle zu übernehmen. Spontan sagt sie „ja" und entwickelt ein entsprechendes Konzept. Im Jahr 1984 übernimmt sie die neue Position und gehört seit damals zu dem Bereich der leitenden Mitarbeiter. Auch während der Aufbauzeit in dieser Position vernachlässigt sie keineswegs die eigene Fort- und Weiterbildung. Trotz zunehmend knapper werdender Freizeit, sucht sie immer wieder Möglichkeiten zum Lernen. Jetzt allerdings besucht sie nur noch Kurse und Seminare, die unternehmensintern während der Arbeitszeit angeboten werden. Die reichhaltige Arbeitszeit erlaubt es ihr nicht mehr, kontinuierlich Abendveranstaltungen zu besuchen. Gisela Schulz-Decker hat ihr gestecktes Ziel erreicht. Mit

Beginn der Berufstätigkeit war für sie klar: Ich will mich beruflich entwickeln, ich will viel lernen. Und sie hat Stein auf Stein gesetzt, um ihre Wünsche und Ideen zu realisieren. Das war keineswegs immer leicht, sie forderte sich selbst mehr Einsatz ab als eigentlich die jeweilige Arbeitsstelle verlangt hätte. Aber das Engagement hat sich ausgezahlt. Gisela Schulz-Decker hat den Erfolg, den sie sich jemals wünschte.

Karriere-Frau Nr. 2:

Managerin bei der IBM war *Christel Ternes*. Sie leitete eine Mitarbeiter-Gruppe, die zuständig ist für Datenbankzugriffssysteme. Doch bei aller Freude an der Führungsaufgabe hat sie sich im Herbst 1988 dazu entschlossen, mal wieder dem Privatleben den Vorrang einzuräumen. Seit dieser Zeit hat sie beim gleichen Unternehmen eine Teilzeitbeschäftigung: Sie arbeitet drei Tage pro Woche. Verbunden mit der Aufgabe der Management-Position war ein Abteilungswechsel in den Vertrieb. Hier setzt sie sich primär mit Marketingfragen auseinander. Ihre Entscheidung, mal beruflich etwas kürzer zu treten, hat sie bislang keineswegs bereut. Im Gegenteil, sie fühlt sich rundherum wohl mit ihrem neuen Status als Teilzeitbeschäftigte. Schmunzeln muß sie freilich immer dann, wenn sich ehemalige – männliche – Manager-Kollegen bei ihr nach der kürzeren Arbeitszeit erkundigen unter dem Motto: „Ob ich nicht wohl auch mal …?“

Nach dem Abitur im Jahr 1970 studiert Christel Ternes Mathematik und Informatik an der Technischen Universität München und beendet 1977 ihr Studium als Diplom-Informatikerin. Für dieses Studium entscheidet sich Christel Ternes, weil sie einen Beruf für sich will, der ihr Spaß macht, der gute Berufsaussichten und finanziellen Erfolg verspricht. Schon während des Studiums arbeitet sie in den Semesterferien regelmäßig als Werkstudentin. Zur IBM stößt sie erstmals 1974 als Studentin. Sie besucht Seminare, schnuppert in den praktischen Alltag und arbeitet an Projekten mit, zwölf Wochen ist sie als Werkstudentin dabei.

Ein Jahr später arbeitet sie wieder als Werkstudentin bei der IBM. In diesem Jahr läuft bei der IBM ein spezielles Frauenprogramm: Je zwei Studentinnen aus acht europäischen Ländern werden für zwei Monate zu Niederlassungen in die Vereinigten Staaten eingeladen. Sie ist eine der beiden bundesdeutschen Studentinnen und arbeitet zwei Monate in einem Entwicklungslabor in Los Angeles. Wieder ein Jahr später, ebenfalls während der Zeit als Werkstudentin bei diesem Unternehmen der Datenverarbeitung, lernt sie ihren späteren Mann kennen. Jetzt ist für Christel Ternes endgültig klar: Ich will bei der IBM arbeiten. Ihren

Arbeitsvertrag unterschreibt sie, bevor sie noch ihr Diplom in der Tasche hat.

Am 1. November 1977 geht für sie der Ernst des Berufslebens los: in Böblingen. „Dieser Standort gefiel mir nicht, aber ich wollte zur IBM und ich wußte, nach einer gewissen Zeit kann ich mich versetzen lassen." Achtzehn Monate bleibt sie als Assistentin für ein großes Datenbank-Personaldaten-System im Schwäbischen. Hier lernt sie Projektarbeit kennen und beschäftigt sich überwiegend mit Anwendungsdesign.

Im Mai 1979 kommt sie als System Engineer in eine Münchener Geschäftsstelle. Sie betreut im Außendienst Großkunden und wird sehr viel zur Vertriebsunterstützung eingesetzt. Hier arbeitet sie bis zum August 1982. Mittlerweile hat sie geheiratet. Der Ehemann ist allerdings nicht mehr im gleichen Unternehmen beschäftigt, sondern hat sich selbständig gemacht. Ihre Wochenarbeitszeit wurde mit Anfang 1982 vertraglich auf vier Tage gekürzt. Nur so schien es Christel Ternes damals möglich, Haushalt und Beruf auf einen gemeinsamen Nenner zu bringen. Ihre Wünsche stießen zuerst auf Schwierigkeiten im Unternehmen, letztlich wurde diese Arbeitszeit-Variante rückhaltslos akzeptiert.

Sie wechselt in das Münchener Vertriebszentrum, weil ihr eine Rotation im Unternehmen nahegelegt wurde. Nur wer Kenntnisse aus den unterschiedlichsten Bereichen besitzt, kann überhaupt berufliche Erfolge erzielen. Schwerpunkt ihrer Tätigkeit ist Marketing mit einem starken technischen Hintergrund. Zunehmend beschäftigt sie sich auch mit dem Gebiet des Tele-Processing, der Verbindung von mehreren Datenverarbeitungs-Systemen. Noch während der Rotationszeit nimmt Christel Ternes an verschiedenen Tests für den Führungskräftenachwuchs teil. Nach Ende der Rotation im Jahr 1985 beginnt sie in der unternehmensinternen nationalen Systemberatung. Hier werden überregional die System Engineers beraten, außerdem dient diese Systemberatung als Kontaktstelle zum Labor und nach den USA. Internationalität wird hier großgeschrieben. Christel Ternes berichtet: „Diese Aufgabe ist sehr anspruchsvoll, weil man sich ständig mit den ganz neuen Dingen beschäftigen muß. Das hat mich gereizt und der internationale Aspekt." Aus München wollte sie nicht mehr weg, und so hat sie in der bayerischen Hauptstadt eine Außenstelle der nationalen Systemberatung aufgemacht, die eigentlich ihren Sitz in Stuttgart hat. Bis Ende April 1987 hat sie ihre Ein-Frau-Abteilung als Außenstelle.

Zum 1. Mai 1987 wird sie zum Manager, also zur Abteilungsleiterin einer Gruppe von neun Akademikern, ernannt. Ihre Abteilung entwickelt

Software für einen Großkunden. Innerhalb von zehn Jahren schaffte Christel Ternes den Sprung in die Führungsebene, ohne dieses Ziel besonders forciert zu haben. Sie wußte genau „Wenn Du Managerin wirst, hat es ein Ende mit der Vier-Tage-Woche. Und da war eben immer ein bißchen dieser Kampf: Auf der einen Seite es gerne wollen, auf der anderen Seite die Gratwanderung zwischen Beruf und Haushalt. Lange habe ich dem Vier-Tage-Rhythmus den Vorzug gegeben, weil ich immer einen interessanten Job hatte. Dann bin ich aber gefragt worden, ob ich mich nicht für diese Abteilungsleiterstelle interessiere. Und das war der Punkt, wo ich mir sagte: Jetzt willst du es einmal versuchen." Der Start in der neuen Position war mit viel Lernen verbunden, plötzlich hatte Christel Ternes für ihre Leute die Personalverantwortung, Verwaltungsarbeit war zu erledigen, die ihr fremd war. Doch der Start klappte bestens, ihre Mitarbeiter bereiteten ihr keine Schwierigkeiten. Christel Ternes ist fest davon überzeugt, daß die Männer untereinander das Chefinnen-Thema diskutiert haben, „aber mich haben sie nie fühlen lassen, daß ich als Frau unwillkommen bin."

Dank ihrer fachlichen und sozialen Kompetenz hat sich Christel Ternes auch im Kollegenkreis schnell durchgesetzt, anfängliche Bedenken bei den Kollegen aufgrund ihres Geschlechtes hat sie zerstreut: nicht durch weiblichen Charme, sondern durch Fachkompetenz. Sie erinnert sich: „Am Anfang ist es schon hart, weil alles neu ist. Neu ist vor allem, daß man immer im Blickpunkt steht, mit allem was man tut und nicht tut." Doch mittlerweile ist sie akzeptiert. Kollegen haben ihr sogar gesagt, das Klima in den Manager-Meetings sei freundlicher geworden, seitdem sie dabei sei.

Ganz wichtig, so die Überzeugung von Christel Ternes, ist es für Frauen in Führungspositionen, sich von Anfang an nicht herumschieben zu lassen. „Mit Neuen probieren die Kollegen das immer. Aber mit einer neuen weiblichen Kollegin ganz besonders, weil die Männer einfach unterstellen, daß die Frauen schwächer seien." Aber darüber sollten sich die Frauen nicht ärgern, sondern die männlichen Kollegen eben eines Besseren belehren. Weitere Pläne für ihren beruflichen Lebensweg hat sie nicht. „Ich plane nie länger als zwei Jahre im voraus. Jetzt will ich das neue Projekt mit meiner Gruppe gut durchziehen, und danach sehe ich weiter. Ich habe aber gemerkt, daß es mir Spaß bereitet, mit anderen Leuten zusammen etwas Produktives auf die Beine zu stellen. Prinzipiell möchte ich also einen Weg mit Führungsaufgaben weitergehen."

Gegenwärtig ist bei Christel Ternes ein Kürzertreten in Sachen Beruf angesagt. Da sie aber Geschmack am Führen gefunden hat, kann sie sich für ihre berufliche Zukunft durchaus wieder Management-Aufgaben vorstellen.

Karriere-Frau Nr. 3:

Birgit Römhildt ist Geschäftsleiterin eines Hertie-Hauses: Eine der wenigen Frauen, die in diesem Handelshaus eine Position auf dieser Ebene einnehmen. Bereits mit 27 Jahren leitete sie das Stuttgarter Warenhaus mit seinen 550 Mitarbeitern. Ganz neu übernommen hat sie in Berlin im März 1988 ein Pilotprojekt mit insgesamt 250 Mitarbeitern. Der angepeilte Erfolg hat sich bereits eingestellt, die nächste Sprosse auf der Karriereleiter hat sie bereits avisiert. Der Werdegang von Birgit Römhildt ist klar gekennzeichnet von beruflichem Durchsetzungsvermögen. Von Anfang an arbeitete sie auf das Ziel hin, Erfolge auf dem eigenen Berufskonto verbuchen zu können.

Nach der Mittleren Reife im Jahr 1975 ließ sie sich auf einer einjährigen Fachschule zur medizinisch-kaufmännischen Assistentin ausbilden. Grund für diese Berufswahl: Sie wünschte sich einen Beruf, den sie im Zweifelsfall auf der ganzen Welt auch mit geringen Sprachkenntnissen ausüben könnte. Ein Jahr lang arbeitete sie danach in einer internistischen Praxis und es entwickelte sich der Gedanke der Selbständigkeit. Deshalb schloß sich nahtlos der Besuch einer Kosmetikfachschule an. Ihren Abschluß als Fachkosmetikerin mit international anerkanntem Diplom bestand Birgit Römhildt im Oktober 1978. Mit Beginn des erneuten Schulbesuchs am Vormittag, arbeitete sie nachmittags bei Hertie in Mainz in der Parfümerie. Schließlich wollte sie ihren Eltern finanziell nicht auf der Tasche liegen. Die Schule neigte sich dem Ende zu, und sie hatte zwei Angebote: Einmal wurde ihr eine Stelle als Chefkosmetikerin offeriert, zum anderen machte Hertie den Vorschlag, im Handel zu bleiben, und an den hausinternen Weiterbildungsmaßnahmen teilzunehmen. Die junge ehrgeizige Frau entschied sich für den Arbeitsplatz im Handel. „Hier habe ich zwar weniger verdient, aber die Weiterbildung zur Erstverkäuferin und zur Substitutin lockte mich. Ich hatte auch gemerkt, die Tätigkeit im Handel macht mir Freude, die Zukunftsaussichten gefielen mir und die Tatsache, eine weitere Berufsausbildung zu erhalten."

Damaliger Berufstraum von Birgit Römhildt war die Position einer Einkäuferin. Dieses Ziel hatte sie rasch erreicht: Im Januar 1982 wurde sie Einkäuferin/Abteilungsleiterin in der Schmuck- und Lederwarenabteilung des Mainzer Hauses. Parallel dazu legte Birgit Römhildt vor der Industrie- und Handelskammer als Externe ihre Prüfung zur Einzelhandelskauffrau ab. Nach neun Monaten wechselt sie die Abteilung und übernimmt die Parfümerie. Im Dezember 1983 wird ihr zusätzlich die Schmuckabteilung übertragen. In den nächsten zweieinhalb Jahren sorgt sie extern und unternehmensintern für eine umfassende Weiterbildung: Sie macht ihre Ausbildereignungsprüfung, besucht Verkaufstrainerschulungen und diverse Seminare über Schmuck. Außerdem absolviert sie erfolgreich das Trainee-Programm zur Geschäftsleiterin.

Im April 1986 ist es soweit, ihre erste große Führungsaufgabe übernimmt sie in Stuttgart. Zukunftspläne hat sie selbstverständlich auch: „Ich wünsche mir den Ausbau der jetzigen Position und eine Entwicklung für eine weiterführende Aufgabe." Ihre Triebfeder für das berufliche Engagement ist der Freiraum, den ihr die eigene Position bietet. „Ich will mit Menschen zusammen arbeiten, will Dinge bewegen können. Die damit verbundene Verantwortung ist für mich eine Selbstverständlichkeit. Die schlimmste Vorstellung für mich ist, immer das Gleiche tun zu müssen. Ich möchte Neues tun und Neues lernen. Das finde ich toll."

Birgit Römhildt setzt sich denn auch folgerichtig rundum für das Leistungsprinzip ein: „Leistung ist für mich nichts Negatives. Ich will alles lernen, was mit meinen Aufgaben zu tun hat."

Drei Frauen, drei berufliche Entwicklungen, jede in einer anderen Branche, in einem anderen Gebiet, in unterschiedlichen Altersgruppen, aber mit einer großen verbindenden Gemeinsamkeit: Jede dieser Frauen hat großen beruflichen Erfolg aufzuweisen.

Ein weiteres verbindendes Element zwischen diesen Frauen ist die *atypische Mädchen-Erziehung,* die Erziehung zur Selbständigkeit, zum eigenen Denken und zur Durchsetzungsfähgkeit, die alle als Kinder erlebt haben. Jede dieser Frauen besuchte übrigens gemischte Schulen. Vergleichbar bei diesen Frauen ist zudem die Freude an der Selbständigkeit, am eigenen Beruf als Selbstverständlichkeit und das Leistungsbewußtsein.

Ganz unterschiedlich präsentiert sich allerdings das planerische Verhalten in Sachen Beruf. Am zielstrebigsten handelt die Jüngste, Birgit Römhildt, die 1959 geboren wurde: Beruf und Karriere gehören für sie zusammen. Entsprechend ausgeprägt ist ihr ganz persönliches Berufs-Konzept.

Christel Ternes, Jahrgang 1950, stellt für sich keine langfristige Berufsplanung auf. Sie wartet ab, wie sich eine Position entwickelt und plant dann, wie sie ihre Stelle am besten ausfüllen und die gebotenen Chancen am besten nutzen kann.

Gisela Schulz, geboren 1935, wurde sich ihres beruflichen Talents erst so richtig mit Mitte Dreißig bewußt. Zu diesem Zeitpunkt setzten dann die Überlegungen

– gepaart mit planerischen Gedanken – ein, wie der eigene Berufsweg forciert werden kann.

Offensichtlich ist aber: Eine *Berufsplanung,* in welcher Form und wie auch immer, besitzt jede dieser erfolgreichen Berufstätigen genauso wie ein *Konzept für das eigene Privatleben.* Denn auf den privaten Bereich legt jede der Frauen großen Wert. Persönliche Beziehungen sind jeder Frau wichtig, wenn auch jede für ihr Leben einen anderen Modus gefunden hat.

Gisela Schulz-Decker lebt seit fast zwanzig Jahren mit ihrem Partner zusammen. Sie schätzt sein Verständnis und seine Geduld genauso wie sein Vertrauen. Die private Beziehung war und ist für sie eine wesentliche Hilfe, um Kraft zu schöpfen für das berufliche Engagement. Der Ehemann von Christel Ternes hat ebenfalls keine Probleme mit der Karriere seiner Frau. Er kümmert sich um seinen eigenen beruflichen Erfolg und Christel Ternes bemüht sich, ihn nicht allzu sehr zu vernachlässigen. Sein Einblick in ihre Arbeitswelt ist für die Münchnerin aber nicht unwichtig: „Das erleichtert vieles, ich muß beispielsweise nicht immer Erklärungen für Dienstreisen liefern. Mein Mann weiß, Dienstreisen gehören einfach zu meiner Tätigkeit dazu." Als Single lebt Birgit Römhildt, die aufgrund der Anforderungen im Handel kreuz und quer durch die Bundesrepublik versetzbar sein muß. Ihr Hauptwohnsitz ist Mainz, dort wohnt auch ein Großteil der Freunde und Bekannten von ihr. Sie hält regelmäßigen Kontakt zu ihnen. Ob sie heiraten will oder nicht, ist noch unklar. Eines aber steht für Birgit Römhildt fest, ein potentieller Ehemann muß ihren Beruf akzeptieren: „Mich gibt es mit dem Beruf und darüber gibt es keine Diskussion. Man kann höchstens darüber diskutieren, wie das Ganze organisiert werden soll."

Drei Beispiele von Erfolgsfrauen, die mit ihren Leistungen exemplarisch für all die Frauen stehen, die sich den Zutritt zur Männerwelt bereits erobert haben. Drei Frauen, die ihren Geschlechtsgenossinnen Mut machen, überlieferten Klischees die Stirn zu bieten und den beruflichen Einsatz zu wagen.

2.2 Männerbastionen schwanken

Die Wirtschaft der neunziger Jahre und gar des nächsten Jahrtausends benötigt andere Führungsqualitäten als die bislang erfolgreichen: Knapper werdende Rohstoffe, eine geringer werdende Anzahl von Arbeitskräften bei einer gleichzeitigen Überalterung der Bevölkerung in einigen Teilen Europas sowie beispielsweise eine höhere allgemeine Sensibilisierung für Fragen des Umwelt- und Naturschutzes verlangen Managerinnen und Manager, die nicht mehr einzig und allein das Wachstum eines Unternehmens und somit in letzter Konsequenz das Wirtschaftswachstum der eigenen Volkswirtschaft bei ihren Entscheidungen berücksichtigen. Die Zukunft verlangt das Einbeziehen aller Faktoren, die das wirtschaftliche Geschehen weltweit beeinflussen.

Neben den strikt wirtschaftlichen Handlungsmotiven werden geistige Werte zunehmend in den Industriegesellschaften Einzug halten. Genauso wie neue Märkte erschlossen werden müssen oder bisher ungenutzte Energiequellen die traditionellen Energien – etwa Erdöl, Erdgas oder Strom – ersetzen werden, werden neuartige Denkweisen das Management von morgen prägen. Emotionalität, Intuition, Umsicht, Einfühlungsvermögen, Verständnis für Ökologie oder die Mitarbeiter werden Kriterien sein, die zunehmend an Bedeutung in den Führungsetagen gewinnen.

Und spätestens hier geraten die Männer-Bastionen der wirtschaftlichen Machtzirkel ins Schwanken: All diese künftig geforderten Eigenschaften sind sogenannte *typisch weibliche Eigenschaften.* Und genau diese Eigenschaften und Verhaltensweisen sind es, die bis dato den Frauen den Einstieg in die Führungswelt erschwert oder gar unmöglich gemacht haben. Hinzu kommt: Nach Berechnungen von wissenschaftlichen Instituten fehlen bis zum Jahr 2000 rund 500 000 Führungskräfte. Die altgedienten Manager ziehen sich ins Privatleben zurück, aber an Nachwuchs könnte es mangeln – so zumindest die demographischen Berechnungen der ausgehenden achtziger Jahre.

Was für die Unternehmen eine Schreckensvorstellung bedeutet, gerät für die karriereorientierten Frauen von heute zum Pluspunkt in ihrer beruflichen Lebensplanung. Denn: Wo die männlichen Nachwuchskräfte verknappen, darüber hinaus „weibliche“ Werte Einzug in den Unternehmensstatuten halten, da sind die Chancen für gut ausgebildete, fähige und berufsbewußte Frauen ganz ausgezeichnet.

Natürlich verlangt das männliche Management von den neu hinzukommenden Frauen noch ein gerüttelt Maß an Anpassung. Daran kommen die Frauen bei ihrem Aufstieg nicht vorbei. Aber je mehr Frauen sich ihre Karriere-Plätze in den Eckzimmern der Macht erobern, um so eher wird es den Frauen gelingen, ihre ganz spezifischen Führungsqualitäten zu entfalten und einzusetzen. Zum Nutzen aller: der Frauen, der Unternehmen, der Gesellschaft und der Wirtschaft. Frauen müssen nur den Mut aufbringen, ihre Chancen zu ergreifen und andere Frauen bei ihren Berufs-Bestrebungen zu unterstützen. Die Zeichen der Zeit stehen günstig, sie müssen nur genutzt werden. Und das entscheidet jede einzelne Frau.

Die Unternehmen sind in zunehmendem Maße bereit, sich für Frauen in Führungspositionen zu entscheiden, mehr und mehr Frauenförderprogramme werden ins Leben gerufen. Jetzt liegt es an den Frauen selbst, die Angebote zu akzeptieren, und den Einsatz im Berufsleben zu wagen.

Anhang

I Wichtige Adressen von Dienststellen der Bundesanstalt für Arbeit

Berufsinformationszentren (BIZ):

(Informationen über Berufsausbildung, Weiterbildung und Fortbildung)

1. Landesarbeitsämter:

Landesarbeitsamt Schleswig-Holstein-Hamburg:
2000 Hamburg 76, Winterhuder Weg 27
2060 Bad Oldesloe, Bergstraße 1
2200 Elmshorn, Bauerweg 23
2240 Heide, Rungholtstraße 1
2300 Kiel 1, Wilhelmplatz 12
2350 Neumünster, Gartenstraße 24
2390 Flensburg, Schleswiger Straße 66
2400 Lübeck, Ziegelstraße 2

Landesarbeitsamt Niedersachsen-Bremen:
2160 Stade, Salztor-Contrescarpe 9
2848 Vechta, Kronenstraße 5
2900 Oldenburg, Raiffeisenstraße 27
2940 Wilhelmshaven, Mitscherlichstraße 47
2950 Leer, Heisfelder Straße 2
3000 Hannover 1, Escherstraße 17
3070 Nienburg, Verdener Straße 21
3110 Uelzen, Lüneburger Straße 72
3250 Hameln 1, Süntelstraße 6
3300 Braunschweig, Cyriakring 10
3400 Göttingen, Rheinhäuser Landstraße 4
4460 Nordhorn, Kokenmühlenstraße
4500 Osnabrück, Johannistorwall 56

Landesarbeitsamt Nordrhein-Westfalen:
4000 Düsseldorf, Karl-Arnold-Platz 2
4050 Mönchengladbach 1, Berliner Platz 12, Eingang B

4100 Duisburg 1, Wintgensstraße 29–33
4200 Oberhausen 1, Mülheimer Straße 36
4350 Recklinghausen, Münsterstraße 17–19
4400 Münster, Nevinghoff 20
4420 Coesfeld, Holtwicker Straße 1
4440 Rheine 1, Bahnhofstraße 1/City Haus
4600 Dortmund 1, Alter Mühlenweg/Ecke Vorwärtsstraße
4630 Bochum, Universitätsstraße 66
4700 Hamm, Bismarckstraße 1
4730 Ahlen, Warendorfer Straße 10–12
4770 Soest, Stiftstraße 2/Ecke Brüderstraße
4790 Paderborn, Bahnhofstraße 26
4800 Bielefeld, Bahnhofstraße 28
5000 Köln 41, Luxemburger Straße 121
5040 Brühl, Wilhelm-Kamm-Straße 1
5060 Bergisch Gladbach 2, Bensberger Straße 85
5100 Aachen, Karlshof (Markt)
5160 Düren, Bismarckstraße 1/Ecke Hans-Brückmann-Straße
5300 Bonn 1, Villemombler Straße 101
5600 Wuppertal, Am Clef 58
5650 Solingen, Kamperstraße
5778 Meschede, Ruhrstraße 26
5800 Hagen 1, Körnerstraße 98–100
5900 Siegen, Hohler Weg 75

Landesarbeitsamt Hessen:
3500 Kassel, Grüner Weg 46
3550 Marburg, Afföller Straße 25
6000 Frankfurt 1, Fischerfeldstraße 10–12
6050 Offenbach, Domstraße 68
6100 Darmstadt, Groß-Gerauer Weg 7
6200 Wiesbaden, Klarenthaler Straße 34
6250 Limburg a. d. Lahn 1, Mozartstraße 1
6300 Gießen, Bahnhofstraße 40
6300 Wetzlar, Langgässer Tor (Hochhaus)
6400 Fulda, Rangstraße 4
6430 Bad Hersfeld, Vitalisstraße 1
6450 Hanau, Am Hauptbahnhof 1

Landesarbeitsamt Rheinland-Pfalz-Saarland:
5400 Koblenz, Rudolf-Virchow-Straße 5

5430 Montabaur, Tonnerrestraße 1
5440 Mayen, Katzenberger Weg 31–33
5500 Trier, Güterstraße 74
6500 Mainz, Stiftstraße 1–3
6550 Bad Kreuznach, Viktoriastraße 36
6600 Saarbrücken, Bleichstraße 25/Großherzog-Friedrich-Straße
6630 Saarlouis, Am Kleinbahnhof 8
6680 Neunkirchen, Ringstraße 1
6700 Ludwigshafen, Berliner Straße 23a
6780 Pirmasens, Windstraße 13

Landesarbeitsamt Baden-Württemberg:
6900 Heidelberg, Ringstraße 19
7000 Stuttgart, Neckarstraße 84
7050 Waiblingen, Heerstraße 109
7080 Aalen, Julius-Bausch-Straße 12
7100 Heilbronn, Rosenbergstraße 50
7140 Ludwigsburg, Stuttgarter Straße 53–55
7270 Nagold, Vorstadtplatz 15
7210 Rottweil, Metzgergasse 13
7320 Göppingen, Mörikestraße 15
7500 Karlsruhe, Rüppurrer Straße 29
7530 Pforzheim, Luisenstraße 32
7550 Rastatt, Karlstraße 18
7600 Offenburg, Lange Straße 47–49
7750 Konstanz, Stromeyersdorfstraße 1
7800 Freiburg, Eckerstraße 1
7850 Lörrach, Brombacher Straße 2

Landesarbeitsamt Nordbayern:
8460 Schwandorf, Dienststelle 8490 Cham, Arbeitsamtstraße 10
8480 Weiden i. d. Opf., Sonnenstraße 2/Ecke Erhardstraße
8500 Nürnberg 80, Fürther Straße 27
8580 Bayreuth, Erlanger Straße 2
8600 Bamberg, Heiliggrabstraße 28
8630 Coburg, Spitalgasse 24
8670 Hof, Äußere Bayreuther Straße 2
8700 Würzburg, Mergentheimer Straße 22
8750 Aschaffenburg, Memeler Straße 15
8800 Ansbach, Schalkhäuser Straße 40

Landesarbeitsamt Südbayern:
8000 München 2, Kapuzinerstraße 26
8050 Freising, Parkstraße 11
8200 Rosenheim, Papinstraße 17
8390 Passau, Innstraße 30

Landesarbeitsamt Berlin:
1000 Berlin 10, Ernst-Reuter-Platz 10

2. Fachvermittlungsdienste für besonders qualifizierte Fach- und Führungskräfte – FVD:

8900 Augsburg, Sieglindenstraße 4
1000 Berlin 61, Charlottenstraße 90
4800 Bielefeld 1, Friedenstraße 19
4630 Bochum 1, Universitätsstraße 66
5300 Bonn, Villemombler Straße 101
2800 Bremen 1, Außer der Schleifmühle 4
4600 Dortmund, Alter Mühlenweg 78
4000 Düsseldorf 1, Immermannstraße 65 D
6000 Frankfurt, Fischerfeldstraße 10–12
7800 Freiburg, Kaiser-Joseph-Straße 168
6300 Gießen, Landgraf-Philipp-Platz 3-7
3400 Göttingen, Friedländer Weg 55a
2000 Hamburg 1, Kurt-Schumacher-Allee 16
3000 Hannover 1, Brühlstraße 4
7500 Karlsruhe, Werderstraße 40
2300 Kiel 1, Muhliusstraße 38
5000 Köln 41, Luxemburger Straße 121
6500 Mainz, Schießgartenstraße 6
8000 München 2, Kapuzinerstraße 26
4400 Münster, Wolbecker Straße 45–47
8500 Nürnberg 80, Kontumazgarten 19
2900 Oldenburg, Osterstraße 15
6600 Saarbrücken, Am Arbeitsamt 1–5
7000 Stuttgart, Neckarstraße 155
8700 Würzburg, Ludwigkai 3

Zentralstelle für Arbeitsvermittlung (ZAV) mit
– Büro Führungskräfte der Wirtschaft (BFW)

- Inlandsabteilung – Fachvermittlung für besonders qualifizierte Fach- und Führungskräfte
- Auslandsabteilung – Arbeitsvermittlung von und nach dem Ausland – mit Büro Führungskräfte zu Internationalen Organisationen (BFIO)

6000 Frankfurt 1, Feuerbachstraße 42–46

II Beratung und Seminare speziell für Frauen:

Excellence Seminare – Beratung für Stellensuchende und Verhaltenstraining
Winfried Volz
Bahnhofstraße 27–33
6200 Wiesbaden, Telefon 0 61 21/3 95 36

Laufbahn- und Bewerbungsberatung, berufliche Eignungsanalyse für die qualifizierte berufstätige Frau
Gerda Berger – Starnberg/München
Bründlwiese 7
8130 Starnberg, Telefon 0 81 51/1 65 69 oder 0 89/3 51 73 33

PES – Personal Economic Service, Konzepte-Information-Beratung
Elke Schumacher
Postfach 26 34
4830 Gütersloh, Telefon 0 52 41/4 61 88

P.I.P. – Projektgruppe für Beratung in Identität und Berufsentwicklung GmbH
Dr. Klaus Leister, Doris Hartmann M.A.
Rothenbaumchaussee 103
2000 Hamburg 13, Telefon 0 40/44 34 73

RKW – Rationalisierungs-Kuratorium der Deutschen Wirtschaft
Schule der Manager
Spezielle Seminare für weibliche Führungskräfte
Gabriele Zimmermann
Projektmanagerin
Sohnstraße 70
4000 Düsseldorf 1
Telefon 02 11/68 00 10

Stairs – Training, Seminare, Beratung für Führungskräfte
Marlen Theiß
Rheinstraße 76
6200 Wiesbaden, Telefon 0 61 21/30 18 44 und 3 95 36

III Organisationen und Verbände für die Berufstätige:

Arbeitsgemeinschaft Berufstätiger Frauen in der Christlich-Demokratischen Arbeitnehmerschaft
Hauptgeschäftsstelle
Johannes-Albers-Allee 3
5330 Königswinter 3, Telefon 0 22 23 /7 30

Arbeitsgemeinschaft katholischer Frauenverbände und -gruppen
Kaesenstraße 18
5000 Köln 1, Telefon 02 21/31 49 30

Mitgliederorganisationen:

- Bund katholischer deutscher Akademikerinnen
  Am Wichelshof 15
  5300 Bonn 1, Telefon 02 28/65 04 08
- Katholische Arbeitnehmerbewegung/Frauen K.A.B./F.
  Bernhard-Letterhaus-Straße 26
  5000 Köln 1, Telefon 02 21/7 72 05-38
- Verein katholischer deutscher Lehrerinnen
  Hedwig-Dransfeld-Platz 4
  4300 Essen 1, Telefon 02 01/62 30 29

Arbeitsgemeinschaft sozialdemokratischer Frauen (ASF)
Erich-Ollenhauer-Straße 1
5300 Bonn 1, Telefon 02 28/53 23 31 und 53 22 06

Berufsverband der Arzt-, Zahnarzt- und Tierarzthelferinnen
Hoher Wall 21
4600 Dortmund 1, Telefon 02 31/14 60 13

Berufsverband hauswirtschaftlicher Fach- und Führungskräfte
Esslinger Straße 2
7053 Kernen i. R., Telefon 0 71 51/4 37 70

Bund Deutscher Sekretärinnen
Zentnerstraße 42
8000 München 40, Telefon 0 89/2 71 68 73

Bundesverband der Meisterinnen der Hauswirtschaft
Wimphelingstraße 5
6720 Speyer, Telefon 0 62 32/9 25 01

Bundesverband Deutscher Kosmetikerinnen
Liesegangstraße 10
4000 Düsseldorf 1, Telefon 02 11/36 58 91

Deutsche Angestellten Gewerkschaft (DAG) Bundesvorstand,
Hauptabteilung Weibliche Angestellte
Karl-Muck-Platz 1
2000 Hamburg 36, Telefon 0 40/34 91 51

Deutsche Union der Soroptimist-Clubs
Aufenanger 29
4600 Dortmund 50

Deutscher Ärztinnenbund
Herbert-Lewin-Straße 5
5000 Köln 41, Telefon 02 21/4 00 42 82

Deutscher Akademikerinnenbund
Weiltingstraße 8
8500 Nürnberg, Telefon 09 11/67 31 28

Deutscher Beamtenbund, Bundesfrauenvertretung
Dreizehnmorgenweg 36
5300 Bonn 2, Telefon 02 28/81 10

Deutscher Berufsverband der Sozialarbeiter und Sozialpädagogen
Schützenbahn 17
4300 Essen, Telefon 02 01/23 96 66

Deutscher Gewerkschaftsbund, Bundesvorstand – Abteilung Frauen
Hans-Böckler-Straße 39
4000 Düsseldorf 30, Telefon 02 11/4 30 11

Deutscher Ingenieurinnenbund
Kiesbergstraße 60
6100 Darmstadt, Telefon 0 61 51/6 24 17

Deutscher Juristinnenbund, Vereinigung der Juristinnen, Volkswirtinnen und Betriebswirtinnen (DJB)
Sträßchensweg 28
5300 Bonn 1, Telefon 02 28/23 86 13

Deutscher Sekretärinnen-Verband
Lagewiesenstraße 1a
6700 Ludwigshafen 14, Telefon 06 21/69 59 65

Deutscher Verband Berufstätiger Frauen
Kastanienweg 8
6240 Königstein 3, Telefon 0 61 73/42 58

Deutscher Verband Technischer Assistenten in der Medizin
Rüttenscheider Straße 158
4300 Essen 1, Telefon 02 01/42 19 79

Evangelische Frauenarbeit in Deutschland
Klingerstraße 24
6000 Frankfurt 1, Telefon 0 69/72 82 70

EWMD – European Women's Management Development Network
Büro: Martine Plompen, European Foundation for Management Development
Rue Washington 40
B-1050 Brüssel, Telefon 00 32-2/6 48 03 85

FIM-Frauen im Management
Vorsitzende: Christa Gotzian
Büro: Golfstraße 7, 2057 Wentdorf bei Hamburg

Frauenvereinigung der CDU
Konrad-Adenauer-Haus
Friedrich-Ebert-Allee 73-75
5300 Bonn 1, Telefon 02 28/54 41

GEDOK – Verband der Gemeinschaft der Künstlerinnen und Kunstfreunde
Einern 29
5600 Wuppertal 2, Telefon 02 02/52 46 42

Verband der weiblichen Angestellten
Rheinweg 31
5300 Bonn 1, Telefon 02 28/23 65 90

IV Regionale Industrie- und Handelskammern (IHK)

(Berufsausbildung, Fortbildung und Weiterbildung)

Schleswig-Holstein und Hamburg:

IHK zu Flensburg
Heinrichstraße 34
2390 Flensburg

Handelskammer Hamburg
Börse
2000 Hamburg 11

IHK zu Kiel
Lorentzendamm 24
2300 Kiel

IHK zu Lübeck
Breite Straße 6–8
2400 Lübeck 1

Niedersachsen und Bremen:

IHK Braunschweig
Garküche 3
3300 Braunschweig

Handelskammer Bremen
Am Markt 13
2800 Bremen 1

IHK Bremerhaven
Friedrich-Ebert-Straße 6
2850 Bremerhaven

IHK für Ostfriesland und Papenburg
Ringstraße 4
2970 Emden

IHK Hannover-Hildesheim
Schiffgraben 49
3000 Hannover 1

IHK Lüneburg-Wolfsburg
Am Sande 1
2120 Lüneburg

Oldenburgische IHK
Moslestraße 6
2900 Oldenburg

IHK Osnabrück-Emsland
Neuer Graben 38
4500 Osnabrück

IHK Stade für den Elbe-Weser-Raum
Am Schäferstieg 2
2160 Stade

Nordrhein-Westfalen:

IHK zu Aachen
Theaterstraße 6/8
5100 Aachen

IHK für das südöstliche Westfalen
zu Arnsberg
Königstraße 18–20
5760 Arnsberg

IHK Ostwestfalen zu Bielefeld
Elsa-Brandström-Straße 1–3
4800 Bielefeld 1

IHK zu Bochum
Ostring 30–32
4630 Bochum 1

IHK Bonn
Bonner Talweg 17
5300 Bonn 1

IHK Lippe zu Detmold
Willi-Hofmann-Straße 5
4930 Detmold 1

IHK zu Dortmund
Märkische Straße 120
4600 Dortmund 1

IHK Duisburg-Wesel-Kleve
zu Duisburg
Mercatorstraße 22–24
4100 Duisburg 1

IHK zu Düsseldorf
Ernst-Schneider-Platz 1
4000 Düsseldorf 1

IHK für Essen, Mülheim a. d. Ruhr, Oberhausen zu Essen
Am Waldthausenpark 2
4300 Essen 1

Südwestfälische IHK zu Hagen
Bahnhofstraße 18
5800 Hagen 1

IHK zu Köln
Unter Sachsenhausen 10–26
5000 Köln 1

IHK Mittlerer Niederrhein Krefeld-Mönchengladbach-Neuss
Nordwall 39
4150 Krefeld 1

IHK zu Münster
Sentmaringer Weg 61
4400 Münster

IHK Siegen
Koblenzer Straße 121
5900 Siegen

IHK Wuppertal-Solingen-Remscheid
Islandufer 21
5600 Wuppertal 1

Hessen:

IHK Darmstadt
Rheinstraße 89
6100 Darmstadt

IHK zu Dillenburg
Wilhelmstraße 10
6340 Dillenburg

IHK Frankfurt
Börsenplatz
6000 Frankfurt 1

IHK Friedberg
Goetheplatz 3
6360 Friedberg

IHK Fulda
Heinrichstraße 8
6400 Fulda

IHK Gießen
Lonystraße 7
6300 Gießen 2

IHK Hanau-Gelnhausen-Schlüchtern
Am Pedro-Jung-Park 14
6450 Hanau 1

IHK Kassel
Ständeplatz 17
3500 Kassel

IHK Limburg
Walderdorffstraße 7
6250 Limburg a.d. Lahn

IHK Offenbach
Stadthof 5
6050 Offenbach am Main

IHK Wetzlar
Friedenstraße 2
6330 Wetzlar

IHK Wiesbaden
Wilhelmstraße 24
6200 Wiesbaden

Rheinland-Pfalz und Saarland:

IHK zu Koblenz
Schloßstraße 2
5400 Koblenz

IHK für die Pfalz in Ludwigshafen
Ludwigsplatz 2–3
6700 Ludwigshafen

IHK für Rheinhessen
Schillerplatz 7
6500 Mainz

IHK Trier
Kornmarkt 6
5500 Trier

IHK des Saarlandes
Franz-Josef-Röder-Straße 9
6600 Saarbrücken

Baden-Württemberg:

IHK Südlicher Oberrhein
Wilhelmstraße 26
7800 Freiburg

IHK Ostwürttemberg
Ludwig-Erhard-Straße 1
7920 Heidenheim

IHK Heilbronn
Rosenbergstraße 8
7100 Heilbronn

IHK Mittlerer Oberrhein
Lammstraße 15–17
7500 Karlsruhe

IHK Hochrhein-Bodensee
Schützenstraße 8
7750 Konstanz

IHK Rhein-Neckar Sitz Mannheim
L 1, 2
6800 Mannheim 1

IHK Nordschwarzwald
Dr. Brandenburg-Straße 6
7530 Pforzheim

IHK Reutlingen
Hindenburgstraße 54
7410 Reutlingen

IHK Mittlerer Neckar Sitz Stuttgart
Jägerstraße 30
7000 Stuttgart 1

IHK Ulm
Olgastraße 101
7900 Ulm

IHK Schwarzwald-Baar-Heuberg
Romäusring 4
7730 VS-Villingen

IHK Bodensee-Oberschwaben
Lindenstraße 2
7987 Weingarten

Bayern:

IHK Aschaffenburg
Kerschensteinerstraße 9
8750 Aschaffenburg

IHK für Augsburg und Schwaben
Stettenstraße 1 und 3
8900 Augsburg 1

IHK für Oberfranken Bayreuth
Bahnhofstraße 25–27
8580 Bayreuth

IHK zu Coburg
Schloßplatz 5
8630 Coburg

IHK Lindau-Bodensee
Maximilianstraße 1
8990 Lindau

IHK für München und Oberbayern
Max-Joseph-Straße 2
8000 München 2

IHK Nürnberg
Hauptmarkt 25–27
8500 Nürnberg

IHK für Niederbayern in Passau
Nibelungenstraße 15
8390 Passau

IHK Regensburg
Martin-Luther-Straße 12
8400 Regensburg 11

IHK Würzburg-Schweinfurt
Neubaustraße 66
8700 Würzburg

Berlin:

IHK zu Berlin
Hardenbergstraße 16–18
1000 Berlin 12

Literaturhinweise

Beck-Gernsheim, Elisabeth: Karriere: Wie hoch ist der Preis? Die Folgen für Frauen und Männer, in: Arbeit 2000, Hrsg. Altvater, Elmar u. a.; Hamburg 1985

Bernardoni, Claudia/Werner, Vera: Ohne Seil und Haken: Frauen auf dem Weg nach oben; Deutsche UNESCO-Kommission; Bonn 1987

Bock-Rosenthal, Erika/Haase, Christa/Streeck, Sylvia: Wenn Frauen Karriere machen; Frankfurt 1978

Gallese, Liz Roman: Von den Folgen des Erfolgs: Gespräche mit Spitzen-Managerinnen; Reinbek 1986

Hennig, Margaret/Jardim, Anne: Frau und Karriere: Der Weg zur Spitze in einer männerbestimmten Arbeitswelt; Reinbek 1978

Henning, Klaus/Staufenbiel, Joerg E.: Berufsplanung für Ingenieure; Köln 1988

Hofstetter, Helmut: Die Leiden der Leitenden: Zur Pathologie intrapersonaler und interpersoneller Störungen von Führungskräften in Organisationen; München 1980

Loden, Marylin: Als Frau ein Unternehmen führen; Freiburg 1988

Markel, Ruth: Der Weg nach oben: Das Karriere-Programm für Frauen; Düsseldorf 1987

McClelland, David: Macht als Motiv: Entwicklungswandel und Ausdrucksformen; Stuttgart 1978

Paczensky, Susanne von: Der Testknacker: Wie man Karriere-Tests erfolgreich besteht; München 1987

Rabe-Kleberg, Ursula: Frauenberufe – Zur Segmentierung der Berufswelt; Bielefeld 1987

Rohrlich, Jay B.: Arbeit und Liebe: Auf der Suche nach dem Gleichgewicht; München 1982

Schenkel, Susan:	Mut zum Erfolg: Warum Frauen blockiert sind und was sie dagegen tun können; Frankfurt 1986
Scheu, Ursula:	Wir werden nicht als Mädchen geboren – wir werden dazu gemacht; Frankfurt 1977
Statistisches Bundesamt:	Frauen in Familie, Beruf und Gesellschaft, Ausgabe 1987; Mainz 1987
Staufenbiel, Joerg E.:	Berufsplanung für den Management-Nachwuchs; Köln 1987
Theiß, Marlen/ Volz, Winfried:	Bewerber-Training: Crash-Programm für Stellensuchende; Wiesbaden 1987

Stichwortverzeichnis